VERLAG
FRITZ
MOLDEN

2. Auflage
13.–22. Tausend

Titel der beim Verlag Alfred A. Knopf, New York,
erschienenen amerikanischen Ausgabe
MY COUNTRY AND THE WORLD
Aus dem Russischen ins Deutsche übertragen von Hans Müller

Copyright © 1975 by Alfred A. Knopf Inc.
Alle Rechte der deutschen Ausgabe 1975:
Verlag Fritz Molden, Wien-München-Zürich
Umschlag und Ausstattung: Hans Schaumberger, Wien
Lektor: Johannes Eidlitz
Technischer Betreuer: Herbert Tossenberger
Schrift: Garmond Garamond-Antiqua
Satz: Filmsatzzentrum Deutsch-Wagram
Druck und Bindearbeit: Salzer-Ueberreuter, Wien
ISBN 3-217-00741-7

Andrej Dimitrijewitsch Sacharow

MEIN LAND UND DIE WELT

VERLAG FRITZ MOLDEN · WIEN-MÜNCHEN-ZÜRICH

Inhaltsverzeichnis

Vorwort

An meine Leser im Ausland*

Dieses Buch richtet sich im Grunde an meine Landsleute, die die Wirklichkeit unseres Landes, seine Stellung in der Welt und seine Zukunft kritisch überdenken wollen. Ich wende mich aber auch an die Leser im Ausland: An die Politik des Westens, die an dem widersprüchlichen und komplizierten Prozeß der Entspannung aktiv teilnehmen und an alle Menschen, die der Politik für gewöhnlich fernstehen, jene, die nur aus Zeitungen etwas über das Leben in sozialistischen Staaten erfahren und die Dinge, die dort vorgehen, meist als etwas empfinden, das sie gar nichts angeht. Aber diese Empfindung ist eine Illusion.

In Wirklichkeit hängt die Zukunft der Menschheit allein davon ab, wie sich die Beziehungen zwischen der ersten, der zweiten und der dritten Welt gestalten werden. So wie die Entwicklung dieser Welten verlaufen wird, so auch unsere Zukunft.

Unabhängig von dieser Überlegung besteht für jeden Menschen die sittliche Pflicht, menschliches Leid und Ungerechtigkeit mit gleichem Maß zu messen, ganz gleich, an welchem Ort diese uns begegnen.

Ich erhoffe von meinen Lesern im Ausland, daß sie das Leben in den sozialistischen Ländern ständig beobachten und sich entschieden für die Verteidigung der Menschenrechte einsetzen; vor allem erwarte ich von der Weltöffentlichkeit Unterstützung für den Gedanken einer politischen Amnestie in unserem Land. Heute, in der Epoche der Entspannung, nach der Konferenz von Helsinki, ist es realistischer geworden, über eine solche Amnestie zu reden. Die Beschlüsse der Konferenz umfassen wichtige Verpflichtungen bezüglich der Meinungsfreiheit, der Freiheit des Austausches von Informationen und anderer Menschenrechte. Von der Erfüllung dieser Verpflichtungen hängen in hohem Maße das internationale Vertrauen und das Schicksal der Entspannung im ganzen ab. Dies ist für alle Länder, und natürlich auch für die UdSSR, von lebenswichtiger Bedeutung.

* Professor Sacharow hat diese Erklärung telephonisch am 1. Oktober 1975 an seine Frau, die sich zu diesem Zeitpunkt in Florenz befand, durchgegeben.

5

In den seit der Beendigung der Konferenz vergangenen Monaten haben sich die Ergebnisse von Helsinki auf die Politik der Führung unseres Landes noch nicht im geringsten ausgewirkt, vor allem nicht, was die Menschenrechte betrifft. Aber ich hoffe, daß eine ständige Aufmerksamkeit der Weltöffentlichkeit darauf, ob die auf der Konferenz proklamierten Grundsätze eingehalten werden, früher oder später Früchte tragen wird.

Ich rufe meine Leser im Westen auf, der Einhaltung dieser Grundsätze ihre ständige Aufmerksamkeit zu schenken. Dabei möchte ich besonders auf die Bedeutung der Verteidigung der Menschenrechte einzelner gefährdeter Personen hinweisen, sowie des Kampfes für deren Befreiung. In meinem Buch nenne ich einige von diesen Menschen: So Leonid Plijuschtsch, dem geistige Vernichtung durch die Behandlung in einer psychiatrischen Sonderklinik droht; so Mustafa Dschemiljew, der zum viertenmal vor der Verurteilung zu einer Kerkerstrafe steht, so Bukowskij, Glusman, Ljubarskij, Paulaitis, Chaustow, Superfin, Wins, Schumuk und Hunderte anderer Menschen. Unter ihnen befindet sich der Priester Wassilij Romanjuk, der wegen seiner religiösen Überzeugung und wegen einiger Worte des Mitgefühls für Walentin Moros zum zweitenmal zu zehn Jahren Haft verurteilt worden ist. Der Verteidigung ihrer Rechte bedürfen vor allem auch die verhafteten und auf das Gerichtsurteil wartenden Mitglieder von »Amnesty International«, Sergej Kowaljew und Andrej Twerdochljebow; das gleiche gilt auch für den in Jugoslawien abgeurteilten Schriftsteller Mijajlo Mihajlov. Schon nach der Konferenz von Helsinki wurde der Herausgeber der Samisdat-Zeitschrift »Wjetsche«, Wladimir Ossipow, zum zweitenmal zu acht Jahren Haft verurteilt.

Auf die allgemeinen Probleme zurückkommend, möchte ich noch eine zentrale These des Buches unterstreichen: Angesichts der totalitären Bedrohung müssen alle Menschen im Westen dessen Einigkeit und Stärke unterstützen. Zugleich aber sollten sie in den beharrlichen Bemühungen um eine ausgewogene Abrüstung und um allseitige Zusammenarbeit mit der zweiten und der dritten Welt nicht nachlassen.

Ich habe dieses mein Buch in der Hoffnung auf die Vernunft und auf die Güte der Menschen geschrieben.

1. Oktober 1975   *Andrej Sacharow*

Einleitung

Die Umrisse jener Weltprobleme, die bis heute die kritischsten und dringendsten geblieben sind, zeichneten sich zum erstenmal, zumindest für mich und viele Menschen meiner Generation, deutlich in den Jahren unmittelbar nach dem Ende des Zweiten Weltkrieges ab.

Dieser blutige und alles vernichtende Krieg, der vor rund dreißig Jahren zu Ende ging, hinterließ ein Meer von menschlichem Leid, das auch die folgenden Jahrzehnte noch nicht völlig zum Verschwinden bringen konnten. Hunger wütete in weiten Teilen unseres Planeten, forderte Millionen Menschenleben und breitete sich bedrohlich aus. Zwar ermöglichte der wissenschaftlich-technische Fortschritt in den entwickelten Ländern allmählich eine „grüne Revolution", die in Zukunft diese Gefahr eindämmen soll, gleichzeitig aber beschwor die Wissenschaft eine andere Gefahr für die Menschheit herauf, deren Umfang und Unmittelbarkeit nur von wenigen erfaßt wurde: die ökologische Katastrophe.

Noch gab es damals die thermonuklearen Waffen (Wasserstoffbomben) nicht, aber der Schatten der Atombombe hing schon über der Welt und bedrohte die Menschheit zum erstenmal in der Geschichte mit dem totalen Untergang. In Hiroshima und Nagasaki starben täglich die Opfer der atomaren Strahlung.

In China entzündete sich die Flamme des Bürgerkrieges. In den sozialistischen Ländern stöhnten Millionen in der unmenschlichen Umklammerung des Stalinismus. Die Verbrennungsöfen von Auschwitz erloschen, aber jeden Tag gingen Tausende zugrunde in der Eiseskälte der Gruben von Kolyma, Norilsk und Workuta und in den zahllosen stalinistischen Baustellen des Todes, den Zwangsarbeitslagern. Die Zahl der Opfer des GULAG hatte zu jener Zeit schon die schreckliche Höhe von 20 Millionen erreicht.

In diesen Jahren traten viele hochgesinnte und tiefschürfende Denker – Physiker und Mathematiker, Wirtschaftsfachleute, Juristen, Politiker und Philosophen – mit Ideen hervor, entstanden aus ihrer tiefen Besorgnis um das Schicksal der Menschheit. (Obwohl ihnen offensichtlich vieles, das durch den „Eisernen Vorhang" vor dem Westen verborgen gehalten wurde, unbekannt blieb.) Zu ihnen zählten Einstein, Russel, Bohr, Cassin und viele andere. Ihre Gedanken hinterließen einen tiefen Eindruck auf ihre Zeitgenossen.

Sie riefen auf zur Verteidigung der Menschenrechte in der ganzen Welt, zu nationalem Altruismus, zur Verwirklichung einer „offenen Welt". In seiner Erklärung dieses Gedankens unterstrich insbesondere Niels Bohr, daß nichts den Austausch von Informationen und die Bewegungsfreiheit der Menschen behindern dürfe. Diese Männer traten für Entmilitarisierung, für Hilfe an die unterentwickelten Länder, für die Stärkung der UNO und für eine Weltregierung ein.

Schon damals gelang es mir, die Erklärung Niels Bohrs kennenzulernen, die jene neuen Ideen zum Inhalt hatte. Aber erst 20 Jahre später, auf dem Höhepunkt des „Prager Frühlings", im Jahre 1968, war als Ergebnis eines langen Lebensweges, der Begegnung mit hervorragenden Persönlichkeiten und meines eigenen Nachdenkens, der Entschluß in mir gereift, selbst mit einem Artikel an die Öffentlichkeit zu treten, der in den Grundzügen jenen Ideen entsprach. Der Artikel trug den Titel „Gedanken über den Fortschritt, die friedliche Koexistenz und geistige Freiheit".* Der Artikel erfuhr besonders weite Verbreitung im Westen, als eine der ersten Äußerungen dieser Art, die aus den geknebelten Tiefen der sozialistischen Länder kommen. Und bis heute bin ich im wesentlichen nicht von den damals formulierten Ansichten abgewichen. Aber die vergangenen Jahre, die so voll von dramatischen internationalen Ereignissen waren, und der immer zunehmende Kontakt mit Persönlichkeiten meiner Heimat und anderer Länder, der mir sehr viel bedeutete, sowie die Erweiterung meiner persönlichen Erfahrungen, all dies konnte nicht spurlos vorübergehen. Heute fühle ich die Verpflichtung, wieder zu den Themen der „Gedanken" zurückzukehren, wobei ich das Hauptgewicht nicht auf eine „optimistische Futurologie" – das heißt auf einen Traum – richte, sondern auf die Gefahren, Irrtümer und Tragödien der Gegenwart, auf all das, was zwischen dem Traum und der Wirklichkeit steht.

Ich halte es für notwendig, von allem Anfang an zu unterstreichen, daß ich in dieser neuen Phase der Beziehun-

---

* In deutscher Sprache unter dem Titel „Wie ich mir die Zukunft vorstelle" 1968 bei Diogenes, Zürich, erschienen.

gen zwischen kapitalistischen und sozialistischen Ländern –
genannt „Entspannung" – gerne die Verwirklichung der mir
am Herzen liegenden Ideen sehen würde. Es ist wahr, große
Wandlungen zum Besseren sind vor sich gegangen, zumindest im Stil der Dialoge der Staatsmänner und auch auf
einigen realeren Gebieten. Aber gleichzeitig entstand ein
deutlicher Gegensatz zwischen Worten und Taten; Voraussetzungen für das Wiederaufleben gefährlicher Illusionen
bildeten sich. All das macht meiner Ansicht nach eine
aufrichtige Erörterung, unbehindert von diplomatischen
Konventionen und vom Konformismus „östlicher" oder
„westlicher" Prägung, erforderlich. Genau wie vor vielen
Jahren bin ich mir meiner Unzuständigkeit bei komplizierten Fragen der gesellschaftlichen Beziehungen voll bewußt.
Dennoch hoffe ich, daß meine Aussagen von Nutzen sein
werden.

Einer der Anlässe, diese Arbeit niederzuschreiben, waren
die Unterredungen, die ich kürzlich mit ausländischen
Gästen – eine Gruppe amerikanischer Gelehrter, die in die
Sowjetunion zu inoffiziellen Verhandlungen über SALT
kamen, und der US-Senator James Buckley –, die mich
besuchten, hatte. Buckley war der erste Politiker der USA,
welcher ein Zusammentreffen mit mir für tunlich hielt. Bei
dieser für mich sehr wichtigen Begegnung besprachen wir
außenpolitische und einige innenpolitische Probleme. Hiebei
entstand in mir der Wunsch, die Diskussion über die
besprochenen Fragen schriftlich niederzulegen und weiter-
zuführen. Ich schreibe jedoch langsam und mühsam, so daß
sich der Prozeß der Niederschrift über Monate hinzog. In
dieser Zeit gingen neue, sehr wichtige Ereignisse vor sich,
die den Inhalt dieses Buches beeinflußten.

Schließlich kristallisierte sich folgende Einteilung dieses Werkes heraus:

I. Die Sowjetgesellschaft

Insbesondere das ungenügende Verständnis dessen, was sich hinter ihrer Fassade verbirgt; das Nichtwissen um die potentiellen Gefahren des sowjetischen Totalitarismus erklärt viele Illusionen der westlichen Intelligenz und schließlich auch die seltsamen Fehlkalkulationen und Mißerfolge der westlichen Politik, die Schritt für Schritt vor ihrem Entspannungspartner kampflos zurückweicht.

II. Die Freiheit der Auswanderung

Dieses wichtige Recht – frei das Aufenthaltsland zu wählen – hat eine große allgemein-gesellschaftliche Bedeutung, sowohl als Garantie für das internationale Vertrauen und die Offenheit (Transparenz) der Gesellschaft. Die Ereignisse rund um den Handelsvertrag zwischen den USA und der UdSSR, die Zusatzbestimmungen, die der US-Kongreß beschloß (Junktim mit der Ausreisegenehmigung für Sowjetjuden, A. d. Ü.), spiegelten die Haltung der sozialistischen wie der westlichen Welt zu diesem Problem wider: Ihre Taktik, ihre Prinzipien und die Verteilung der Kräfte. Sie zeigten die Uneinigkeit, den Mangel an Organisation und an Information des Westens. Ich hoffe jedoch, daß die Zukunft auch die Standfestigkeit des Westens und seine Fähigkeit, aus Schwierigkeiten zu lernen, zeigen wird. Die Verteidigung des Rechts, ungehindert das eigene Land zu verlassen und wieder zurückzukehren zu dürfen sowie der freien Wahl des Aufenthaltslandes ist sozusagen der Prüfstein, das Übungsgelände, um den gesamten Stil der Entspannung zu bestimmen.

III. Die Probleme der Abrüstung

Die Rettung der Menschheit vor der Gefahr eines thermo-nuklearen Unterganges hat ohne Zweifel vor allen anderen Aufgaben Vorrang. Jedoch darf man diese Aufgabe nicht von den anderen politischen, ökonomischen, humanitären und moralischen Problemen trennen, vor allem nicht vom Problem der „Offenheit" der Gesellschaft und des internationalen Vertrauens sowie der Überwindung der Uneinigkeit des Westens. Eine wirkliche Lösung des Problems der Abrüstung müßte einschließen: a) ein vollkommenes Kontrollsystem einschließlich der Inspektion; b) die Verringerung der Rüstung auf der Basis der Parität, die ausreichend niedrig sein müßte (das bezieht sich sowohl auf die Verhandlungen über die Beschränkung der strategischen Waffen der Supermächte als auch auf regionale Verhandlungen); c) die Beseitigung der Faktoren, die den Rüstungswettlauf fördern; d) die Beseitigung der Faktoren, die eine strategische Instabilität bewirken.

IV. Indochina und der Nahe Osten

Noch ist wahrscheinlich niemand imstande, voll und ganz die Bedeutung und das Ausmaß der Tragödie zu ermessen, die in Indochina vor sich gegangen ist. Es besteht jedoch kein Zweifel, daß diese Tragödie im wesentlichen möglich wurde, weil die Welt für die Ziele und Methoden jener Kräfte blind ist, die hinter den jungen Menschen standen, die in das Inferno des Krieges geworfen wurden. Es ist sehr wichtig, daß diese Opfer nicht umsonst gebracht worden sind. Es ist die Pflicht der aufrechten Menschen in aller Welt, mit ganzer Kraft den Flüchtlingen und den Kindern zu helfen, die durch den Krieg ins Elend gestoßen wurden. Es darf kein neuer Verrat, ähnlich jenem an den „displaced persons" vor 30 Jahren, begangen werden.

V. Die liberale Intelligenz des Westens: ihre Illusionen und ihre Verantwortung
Trotz der zahlreichen unter den westlichen Intellektuellen verbreiteten gefährlichen Irrtümer glaube ich, daß innere Ehrlichkeit, Vernunft und Altruismus in den Reihen dieser einflußreichen und aktivsten Schichte der westlichen Gesellschaft das Übergewicht erlangen werden.

VI. Schlußfolgerung
Die Welt braucht die Entmilitarisierung, nationalen Altruismus und Internationalismus, die Freiheit des Informationsaustausches und die Bewegungsfreiheit der Menschen, den freien Zugang zu Informationen, den die Regierung gewähren muß, Verteidigung der sozialen und bürgerlichen Menschenrechte. Den Ländern der dritten Welt muß allseitige Hilfe zuteil werden, und sie ihrerseits müssen ihren Anteil an der Verantwortung für die Zukunft der Welt voll auf sich nehmen und mehr Aufmerksamkeit der Entwicklung der materiellen Produktion zuwenden und die Spekulation mit Erdöl einstellen.

Alles das sind unabdingbare Voraussetzungen für die Überwindung der Zersplitterung der Menschheit für ihre Rettung vor den Gefahren eines thermonuklearen Unterganges, des Hungers, einer ökologischen Katastrophe, der Entmenschlichung; es sind die unabdingbaren Voraussetzungen für die Beseitigung der mit dem wissenschaftlichtechnischen Fortschritt verbundenen Gefahren und für die Fruchtbarmachung dieses Fortschrittes für das Wohl aller.

13

Die Arbeit an diesem Buch ging in einem Zustand wachsenden Drucks vor sich, hervorgerufen durch internationale, innersowjetische und persönliche Ereignisse. Ich danke den Freunden, die mir geholfen haben, und den Herausgebern des Buchs. Besondere Bedeutung hatten für mich die selbstlose Unterstützung und Hilfe meiner Frau, die es ermöglichten, das Vorhaben trotz aller Nöte, Krankheiten, Drohungen und all dem, was unser Leben so mit sich bringt, zu vollenden.

I. Über die Sowjetgesellschaft

Das Leben in unserem großen Land ist kompliziert und facettenreich. Wie in jedem Land trägt die Arbeit der Menschen (wenn auch nicht immer produktiv und vernünftig organisiert) sowie die zunehmende Nutzung der wissenschaftlichen Errungenschaften und der natürlichen Ressourcen auf die eine oder andere Weise sichtbare Früchte. Tausende lebhafter und offenbar mit ihrem Schicksal zufriedener Menschen eilen rund um die zum Himmel hoch aufragenden schlanken Wolkenkratzer des Neuen Arbat (eine Straße in Moskau, A. d. Ü.) hin und her. Aber hinter dieser Fassade verbirgt sich (wie übrigens auch in anderen Ländern) vieles, was dem Fremden nicht sichtbar wird: Ein Meer menschlichen Unglücks, von Schwierigkeiten, Erbitterung, Grausamkeit, tiefster Müdigkeit und Gleichgültigkeit, die sich in Jahrzehnten aufgestaut haben und die Grundfesten der Gesellschaft unterminieren. In unserem Land gibt es eine ungewöhnliche hohe Zahl von unglücklichen, vom Schicksal betrogenen Menschen: Vereinsamte Greise mit lächerlich geringen Renten; Menschen, die dem Leben nicht

15

gewachsen sind, die keine Arbeit oder Lernmöglichkeit haben oder auch kein – selbst für unseren ärmlichen Standard – entsprechendes Dach über den Kopf besitzen; chronisch Kranke, die keinen Platz in einem Spital finden; zahllose Trinker; eineinhalb Millionen Häftlinge, Opfer einer blinden und oft ungerechten Justizmaschinerie, die die korrupte Kreatur der Behörden und der lokalen „Mafia" ist. Diese Gefangenen sind Menschen, für immer aus dem normalen Leben ausgestoßen, oft einfach Pechvögel, die es nicht verstanden haben, zur richtigen Zeit dem richtigen Mann ein Bestechungsgeld in die Hand zu drücken. All diesen zu helfen ist praktisch unmöglich, und kaum jemand versucht es, angesichts des schweren, aufreibenden Existenzkampfes ums Brot auf der einen Seite, den die Mehrheit der Bevölkerung führen muß, und auf der anderen Seite angesichts der satten, selbstzufriedenen Exklusivität einer Minderheit und angesichts der heuchlerischen und untauglichen Sozialstruktur. Verzweifelte Menschen belagern die großen Wartezimmer der hohen Beamten und Funktionäre, von wo viele von ihnen (besonders die Zudringlichen) geradewegs in psychiatrische Kliniken abgeführt werden.

Ich liebe die Landschaft und die Kultur meiner Heimat und ihre Menschen sehr und will keineswegs in der Rolle des „Anschwärzers" auftreten. Aber ich halte es für notwendig, die Aufmerksamkeit auf jene negativen Aspekte zu lenken, die von grundsätzlicher Bedeutung für die internationalen Beziehungen und für das Verständnis der Lage unseres Landes sind, und die von den Sowjets und der prosowjetischen Propaganda totgeschwiegen werden.

Eines der „Glaubensdogmen" der sowjetischen und prosowjetischen Propaganda war schon immer die These von der angeblichen Einzigartigkeit des sowjetischen, politisch-ökonomischen Systems, das, wie behauptet wird, ein universelles Vorbild für alle anderen Länder ist: das gerechteste, humanste, progressivste System, welches die höchste Produktivität der Arbeit, den höchsten Lebensstandard usw. sichert.

Dieses Dogma erhält sich um so zäher, je augenfälliger der völlige Mißerfolg, die völlige Unfähigkeit ist, alle in ihm enthaltenen Versprechungen zu erfüllen. Die Realität hält keinem Vergleich mit entwickelten kapitalistischen Ländern stand. Daher ist die Notwendigkeit, dieses Dogma aufrechtzuerhalten, und die Hypnose des blinden Glaubens, Gründe für die beispiellose Geheimnistuerei des sowjetischen Systems. Viele erinnern sich an die Variante der These: Wozu von anderen lernen, wir sind ihnen doch um eine ganze historische Epoche voraus? Die Abgeschlossenheit der Gesellschaft erzeugt aber ihrerseits die Bedingungen für zahlreiche negative Erscheinungen im inneren und äußeren Leben des Landes. Durch Jahrzehnte wurden die schrecklichsten Gewalttaten unter dem Banner des Glaubens an ein einzigartiges Weltziel – Gewalttaten, die westliche Liberale nicht bemerkten, die einen aus Naivität, die anderen aus Gleichgültigkeit und wieder andere aus Zynismus – begangen. Ein tragisches Beispiel hiefür war die Haltung eines klugen und zutiefst humanen Schriftstellers, der aber die Augen vor den zum Teil schon damals offensichtlichen Verbrechen des Stalinismus verschloß, weil er die Sowjetunion als einzige Alternative zum Nazismus betrachtete. Vorher schon erklärte ein anderer Schriftsteller, die Gerüchte von Hungersnot in der Sowjetunion seien übertrieben. „Nirgends habe ich so gut gespeist wie in der

Sowjetunion", sagte er zu einer Zeit, als die „Grenzschutz-truppen" des NKWD mit Maschinengewehren auf Kinder schossen, die, dem Hungertod nahe, versuchten, über die Grenze durchzubrechen. Reste dieser Verblendung bestehen noch immer und sind in unserer Zeit für den Westen sogar noch gefährlicher als damals. Heutzutage ist das Verständnis für das Wesen der Sowjetgesellschaft, das Begreifen dessen, was sich hinter der respekteinflößenden Fassade verbirgt, erforderlich für ein richtiges Verhalten gegenüber fast allen Problemen von internationaler Bedeutung.

Die moderne Sowjetgesellschaft kann man, wie ich glaube, am treffendsten charakterisieren als eine „staatskapitalisti-sche" Gesellschaft, das heißt ein Gesellschaftssystem, das sich vom modernen Kapitalismus westlicher Prägung unter-scheidet durch vollkommene Verstaatlichung und ein voll-kommenes Monopol von Partei und Regierung auf dem Gebiet der Wirtschaft, und dadurch auch auf dem Gebiet der Kultur, der Ideologie und anderer Hauptgebiete des Lebens.

Dieser Meinung sind auch augenscheinlich viele außerhalb und innerhalb der Sowjetunion, wobei letztere begreiflicher-weise in ihrer Mehrzahl dies nicht offen aussprechen. Als ich vor zwei Jahren in einem Interview mit Olle Stenholm, dem Korrespondenten des schwedischen Radios und Fernsehens, mich in diesem Sinne äußerte, diente dies der sowjetischen Presse als Hauptvorwand für Angriffe gegen mich. Bald darauf entzog man Stenholm das Visum. Dabei handelte es sich tatsächlich um fast triviale Äußerungen.

Wie viele Autoren feststellen, führt das vollständige Staatsmonopol notwendigerweise zu Unfreiheit und zu erzwungenem Konformismus, hängt doch jeder einzelne vollständig vom Staat ab. In kritischen Perioden erzeugt die

Unfreiheit Terror, in ruhigeren Zeitabschnitten verstärkt sie die Macht einer talentlosen Bürokratie und bringt Mittelmäßigkeit und Apathie hervor.

Ich möchte mich zuerst mit den ökonomischen und sozialen Charakteristika der sowjetischen Gesellschaft und dann mit den ideologischen, kulturellen und juristischen befassen und zeigen, wie die Besonderheit dieser Gesellschaft in den internationalen Beziehungen in Erscheinung tritt.

Es gibt keinen Zweifel daran, daß wir nicht die höchste Arbeitsproduktivität der Welt haben; es besteht nicht einmal die Aussicht, in absehbarer Zeit die entwickelten kapitalistischen Länder einzuholen. Was wir haben, ist eine dauernde Militarisierung der Wirtschaft, in einem Ausmaß, das für Friedenszeiten unerhört hoch, für die Bevölkerung schwer zu tragen und für die ganze Welt gefährlich ist. Was wir haben, ist ein chronischer wirtschaftlicher Streß: ein Mangel an Reserven – und das bei unseren Rohstoffquellen und den natürlichen Bedingungen unseres Landes: Schwarzerde, Kohle, Erdöl, Holz, klimatische Differenziertheit und eine geringe Bevölkerungsdichte.

Besonders wichtig ist, daß trotz unserer Bodenschätze und Heilquellen selbst nach 58 Jahren gigantischer Anstrengungen, davon die letzten 30 Jahre des Friedens, auch nicht die Spur vom höchsten Lebensstandard der Welt zu finden ist. Der Arbeiter eines beliebigen fortgeschrittenen kapitalistischen Landes – nicht nur der USA, sondern auch, sagen wir Frankreichs, der Bundesrepublik, Italiens, Schwedens usw. – würde weder um unseren Arbeitslohn noch bei unserem Niveau des sozialen Schutzes seiner Rechte arbeiten.

19

In der UdSSR beträgt der Mindestlohn im Monat 60 Rubel und der Durchschnittslohn 110 Rubel. Seinem Kaufwert nach (basierend auf offiziellen Lebensmittelpreisen, nicht eingerechnet Preise des freien schwarzen Marktes, der etwa 30 Prozent der Versorgung des Sowjetbürgers in den größeren Städten deckt) entspricht dieser Minimallohn ungefähr 80 Dollar monatlich und der Durchschnittslohn 140 Dollar.* Vergleichen Sie diese Zahlen mit den entsprechenden amerikanischen: 600 bis 800 Dollar monatlich beträgt der Durchschnittslohn, 400 Dollar monatlich für eine Familie, bestehend aus Vater, Mutter und zwei Kindern, ist das offizielle Lebensminimum (die offiziell festgelegte Schwelle zur Armut); bei geringerem Einkommen gewährt der Staat spezielle Begünstigungen, von denen der Sowjetbürger nicht einmal träumen kann.

In anderen Ländern, wie zum Beispiel in Frankreich, Italien, der Bundesrepublik, ist der Arbeitslohn niedriger als in den USA, aber dafür sind auch die Lebenskosten niedriger. In der UdSSR geben die Leute, die von ihrem Arbeits-

---

* Die Kaufkraft des Rubels entspricht nach westlichen Berechnungen – wieder bei Lebensmitteln und ohne Rücksicht auf Qualitätsunterschiede – jener der D-Mark vier zu eins und des österr. Schilling 24 zu eins; also entspricht der Mindestlohn DM 240,– oder öS 1440,– (A. d. Ü.). Sacharow selbst schätzte sogar die Kaufkraft des Rubels gegenüber dem Dollar gleich 1 : 2. Er sagt dazu in einer Anmerkung: „Ich habe das Kaufkraftverhältnis auf Grund der Lebensmittelpreise errechnet, die die Hauptausgaben der sowjetischen Stadtbewohner bilden. Die großen Qualitätsunterschiede habe ich nicht in Betracht gezogen. Lebensmittel von vergleichbar guter Qualität nach ausländischem Standard gibt es nur auf dem freien Markt und zu Preisen, die doppelt so hoch und höher sind, als die offiziellen Preise. Im Falle von Bekleidung, Schuhen und anderen Konsumgütern, so vor allem technischen Artikeln, ist das Verhältnis Dollar–Rubel eher 1 : 4 als 1 : 2.“

lohn leben, den Großteil desselben für ihre Ernährung aus. Diese Tatsache dürfte dem amerikanischen Arbeiter seltsam vorkommen, der für seine weitaus bessere Ernährung in der Regel nicht mehr als 25 Prozent seines Arbeitslohnes ausgibt, wobei die Frau, wenn sie will, nicht arbeiten gehen muß.

Besonders bedrückend wirkt sich die niedrige Bezahlung auf die zahlenmäßig stärksten Schichten der Intelligenz, auf Lehrer, Ärzte und medizinische Berufe sowie einfache Ingenieure aus. Sie haben in der Regel keine „Gemüsegärten"* und keine wesentlichen „schwarzen" (oft halblegale) Einnahmequellen.

Gegenwärtig ist die Weltpresse voll von Meldungen über die Inflation, die Brennstoffkrise und die ansteigende Arbeitslosigkeit in den kapitalistischen Ländern. Ich möchte hier die komplizierten und verschiedenartigen Gründe dieser Erscheinungen (bei welchen der desorganisierende Faktor der sowjetischen wirtschaftlichen und allgemein politischen Aktivität keine geringe Rolle spielt) nicht analysieren. Ich möchte auch nicht ihre weitgehend psychologischen und politischen Folgen verkleinern. Trotzdem möchte ich behaupten: Ihr werdet nicht Hungers sterben, ihr habt Rückzugsmöglichkeiten, selbst wenn das Lebensniveau um 50 Prozent gesenkt wird, werdet ihr noch besser leben als die Menschen im reichsten sozialistischen Land der Welt.

---

* Die Kolchosenbauern haben das Recht auf 0,5 ha Land, das sie selbst bewirtschaften dürfen; die Produktion dieses „Hoflandes" macht einen wesentlichen Teil der Versorgung der Sowjetunion aus: 63% Eier und Kartoffeln, 41% Obst, 38% Milch und Fleisch, 20% Wolle. Die Kolchosen umfassen jedoch 95% des landwirtschaftlich genutzen Bodens. (A. d. Ü.)

Angesichts der wirklich schrecklichen, dauernden Gefahr eines Angriffs des Totalitarismus, angesichts der Gefahr einer ökologischen Katastrophe, um der Zukunft eurer Länder und eurer Kinder willen, ist es wichtig, daß die Massen der Bevölkerung, die Gewerkschaften und die Unternehmer, die Möglichkeit eines Verzichtes auf einen Teil des bereits erreichten Lebensstandards in Erwägung ziehen und eine vorübergehende Selbstbeschränkung auf sich nehmen.

Die Zivilisation des Westens muß die Freiheit des ökonomischen Manövrierens haben. Das ist in erster Linie zum Schutz der westlichen Zivilisation selbst und für die Verteidigung der moralischen und demokratischen Werte in der ganzen Welt notwendig.

Wofür verwendet also der Staat in der Sowjetunion die ihm auf Grund der künstlich niedrig gehaltenen Löhne zufließenden gigantischen Mittel? Ein beträchtlicher Teil davon wird selbstverständlich für die Erweiterung der Produktion verwendet, aber ebensoviel für gigantische Militärausgaben, für die Finanzierung der geheimen und offenen Expansion in allen Teilen der Welt – vom Nahen Osten bis Lateinamerika –, für die Sicherstellung eines höheren Lebensstandards der privilegierten Schichten der Gesellschaft, für die Bezahlung der kostspieligen Narreteien eines bürokratischen Stils der Führung. Ein gewisser Teil der Mittel, die der Staat an sich zieht, wird zurückgeleitet zur Deckung sozialer Bedürfnisse, insbesondere für die Altersrenten, ärztliche Betreuung, das Bildungswesen, die daher keineswegs als „kostenlos" angesehen werden können.

Auf dem Gebiet des Sozialwesens ist es wichtig, folgendes in Rechnung zu stellen:

1. Sehr kurzer Urlaub – für die Mehrheit zwei Wochen –, dessen Zeitpunkt von der Betriebsleitung bestimmt wird. (In Frankreich gibt es zweifachen Urlaub: im Sommer und im Winter, insgesamt vier Wochen.)

2. 41 Arbeitsstunden pro Woche, das heißt länger, als in den meisten westlichen Ländern.

3. Fehlen eines realen Streikrechts oder des Rechts, irgendeinen organisierten Rekurs an höhere Instanzen zu machen. Seit Jahren zieht sich der Kampf der Fischer von Murmansk hin, gegen einen erbarmungslosen Verrechnungsbetrug und gegen den Zwang, riesige Bestechungen für das Recht bezahlen zu müssen, zum Fischfang ausfahren zu dürfen, vorläufig nur mit dem Ergebnis, daß Beschwerdeführer entlassen, in psychiatrische Kliniken eingeliefert und verhaftet worden sind. Ebenso schwer ist der Kampf um die Verbesserung der Sicherheitsvorkehrungen in den Bergwerken und den chemischen Betrieben, die in vielen Fällen äußerst vernachlässigt sind.

4. Sehr niedrige Pensionen und Unterstützungen, selbst nach einigen wesentlichen Verbesserungen unter Chruschtschow und Breschnjew. Wenn man von den „Personalpensionen" (willkürlich festgelegte Pensionen für „verdiente" Prominente, A. d. Ü.) und den Militärpensionen absieht, so beträgt die höchste Rente 120 Rubel (etwa 480 DM) und die Durchschnittsrente die Hälfte davon. Eine Pension für Kolchos-Bauern gibt es erst seit kurzer Zeit. Sie ist sehr niedrig. Eine Rente nach dem toten Ernährer gibt es nicht, falls er Selbstmord begangen hat. Die im Krieg

eingeführte Unterstützung für kinderreiche Mütter deckt, obwohl mehrmals erhöht, nur einen kleinen Teil der Ausgaben für den Unterhalt der Kinder. Alleinstehende Mütter erhalten eine monatliche Unterstützung von fünf Rubel für jedes Kind.

5. Alljährlich werden einige Sonntage oder Samstage als Arbeitstage erklärt. Die sogenannten „kommunistischen" Samstage gelten formal als freiwillig, aber wer wagt schon, sie nicht zu befolgen? Der Arbeitslohn für diese Samstage wird an einen staatlichen Fonds überwiesen. So wurde 1975 der erste Ostertag, der 4. Mai, zum Arbeitstag dekretiert, obwohl er zu dem bezahlten Urlaub zählte. Niemand wagte es, zu protestieren, außer zwei Priestern, von denen einer verhaftet wurde.

6. Die Wohn- und Lebensverhältnisse der Mehrheit der Bevölkerung sind nach wie vor schlecht, obwohl in vielen Städten auf breiter Basis und intensiv Wohnhäuser gebaut wurden.

Es ist nicht wahr, daß wir die billigsten Wohnungen der Welt haben. Die Kosten für einen Quadratmeter Wohnfläche, in Einheiten des Durchschnittslohns ausgedrückt, sind nicht niedriger als in den meisten entwickelten Industrieländern. Wenn eine Familie für sich allein eine Wohnung erhält, so ist das ein Glücksfall, auf den viele ihr Leben lang warten. Gewöhnlich handelt es sich um ein Hochhaus mit vielen Wohnungen, das von außen einem „Sozialbau", etwa den amerikanischen Wohnbauten für niedere Einkommen entspricht, jedoch weniger Komfort enthält; es wohnen weit mehr Menschen darin. Nur ein verschwindend kleiner Teil der Bevölkerung verfügt über ein eigenes Zimmer für jedes Familienmitglied. Einige „elitäre" Städte ausgenommen, ist die Versorgung mit Lebensmitteln und Konsumgütern schlecht.* Das Brot ist von minderer Qualität und enthält Zusätze. Schlechter steht es noch mit der Fleischversorgung. In den meisten Städten muß man darum stundenlang Schlange stehen, und die Qualität ist manchmal nicht einmal als Hundefutter gut genug. Dienstleistungsbetriebe fehlen fast vollständig. Schlecht steht es mit dem Wasser. In den meisten Städten gibt es bis jetzt noch keine moderne Kanalisation.

7. Das Niveau des Bildungswesens ist sehr niedrig, insbesondere in ländlichen Gebieten. Die Schulklassen sind überfüllt, stickig und düster. Der organisierte Transport zur Schule von weiter entfernt wohnenden Kindern, der im Westen doch üblich ist, fehlt fast völlig.

---

* In Tausenden Dörfern und Städten des Landes bilden sich schon frühmorgens vor dem Eingang der Lebensmittelgeschäfte Menschenschlangen, die auf die Brotlieferwagen warten. Sie hoffen auch, daß noch etwas anderes „ausgeworfen", das heißt zum Verkauf gelangen wird. Wenn das eine so seltene Ware wie Kabeljau ist, sammelt sich in der Schlange der ganze Umkreis der Ortschaft. Die Leute sitzen oder stehen vor den Geschäften (hauptsächlich sind es Frauen) viele Stunden im Tag, und das sogar zur Zeit, wenn die landwirtschaftlichen Arbeiten auf dem Höhepunkt sind: zur Erntezeit. Die Verbindung mit der Erde, der innere Antrieb, der bei Bauern und Bäuerinnen noch vor 40 Jahren vorherrschte, verschwand mit dem nicht mehr vorhandenen materiellen Ansporn. Vor den Geschäften treiben sich tagaus und tagein halbtrunkene und trunkene Männer und Burschen umher, unter ihnen sehr viele Halbwüchsige. Die alten Weiber flüstern einander zu, daß „die Männer und die Burschen früher einmal nicht so viel soffen, und wenn schon, dann an Feiertagen".

Sehr schlecht ist die Verpflegung der Kinder organisiert. Die Kostenlosigkeit der Schulbildung erstreckt sich nicht, wie das in vielen nichtsozialistischen Ländern üblich ist, auf die Verpflegung der Kinder, auch nicht auf die Schüleruniform und die Lehrmittel.

Die Lernziele schließen sehr komplizierte und umfangreiche Studienprogramme ein, die die Kräfte der Schüler verzehren, sowie Hausaufgaben, die die Schüler viele Stunden beschäftigen; praktisch jedoch ist das intellektuelle Niveau des Schulwesens sehr niedrig. Die Lehrer sind verelendet und abgehetzt. Bei der Zulassung zu den Mittel- und Hochschulen sowie den höheren Studien gibt es viele absichtliche Ungerechtigkeiten; bekannt ist hier besonders die Diskriminierung der Juden. Aber es gibt ebenso eine Diskriminierung der jungen Leute vom Dorf, der Angehörigen der Intelligenz, der Kinder von Dissidenten, von Gläubigen, von Personen deutscher Abstammung und überhaupt aller, die keine „Beziehungen" haben.* Die Zerstörung des Bildungswesens wird durch einen zunehmenden Anti-Intellektualismus der Öffentlichkeit charakterisiert.

8. Von schlechter Qualität ist die medizinische Betreuung der Mehrheit der Bevölkerung. Man verliert einen halben Tag, um in einer Ambulanz bei einem Arzt vorzukommen. Was kann ein Arzt in den zehn Minuten, die ihm für einen Kranken bleiben, tun und diagnostizieren? Der Kranke kann nicht wählen, welchen Arzt er konsultieren will. In den

---

* Die Diskriminierung bei der Zulassung wird auf einfache Weise durchgeführt. Es werden Kategorien unerwünschter Abiturienten aufgestellt, und aus diesen wird fast niemand aufgenommen.

Spitälern liegen die Kranken in den Korridoren, entweder in stickiger Luft oder im Zug. Es gibt zu wenig Krankenschwestern, sehr wenige Aufräumerinnen und Kinderkrankenschwestern, wenig medizinisches Personal. Schlecht steht es mit der Wäsche, den Arzneien und dem Essen. Auf einen Kranken in einem gewöhnlichen Krankenhaus entfällt laut Budget für alle Ausgaben weniger als ein Rubel im Tag. Es ist daher klar, daß es an allen Ecken und Enden fehlt und daß die Bedingungen schrecklich sind. In den privilegierten Spitälern hingegen werden laut Budget bis zu 15 Rubel täglich für einen Kranken ausgegeben. Es ist kein Zufall, daß alle mir bekannten Ausländer, die in Moskau wohnen, ihre Frauen zur Geburt eines Kindes in ihre kapitalistischen Länder schicken, obwohl ihre Betreuung hier bei uns unvergleichbar besser wäre als für den durchschnittlichen Sowjetbürger.

In der Provinz gibt es fast keine modernen Medikamente, aber auch in der Hauptstadt bleibt ihr Assortiment weit hinter den westlichen Ländern zurück (die Ausnahme bilden die privilegierten Spitäler und Kliniken für „das Chefpersonal"). Es ist verboten, Medikamente aus dem Westen in die Sowjetunion zu schicken. Dem Arzt ist es verboten, spärlich vorhandene ausländische Präparate zu verschreiben, er darf nicht einmal ihre Existenz erwähnen. Es ist eine haarsträubende Verletzung der Prinzipien überlieferter ärztlicher Ethik, dem Kranken so die Hilfe vorzuenthalten, ja sogar die Kenntnis, daß im Prinzip eine Hilfe möglich wäre. Viele Kranke – und ihre Verwandten – würden zweifellos alles daransetzen und keine Ausgaben scheuen, um ihre Leiden zu mildern, Heilung oder Rettung zu finden.

Ein weiteres Beispiel für die Verletzung der Grundsätze

ärztlicher Ethik ist das Dekret des Ministeriums für Gesundheitswesen, demzufolge der Vorrang bei ärztlicher Hilfe den Werktätigen zu geben ist. Von diesem Dekret wurden insbesondere die Gebietsärzte in Kenntnis gesetzt. Das System der ärztlichen Ausbildung ist ernsthaft erschüttert. In vielen Gegenden ist die medizinische Ausrüstung noch auf dem Stand des vorigen Jahrhunderts. Der allgemeine moralische und berufsmäßige Niedergang hat auch auf die Ärzte übergegriffen, obwohl sie länger als andere standhielten. Daher sind jene unzweifelhaften Errungenschaften (auf dem Gebiete der Kinderheilkunde, im Kampf gegen ansteckende Krankheiten u. a.), welche in den ersten Jahrzehnten der Sowjetmacht die sowjetische Medizin zu verzeichnen hatte, ernstlich in Frage gestellt.

9. Das niedrige Lohnniveau führt dazu, daß der Verdienst des Mannes nicht ausreicht, um die Familie zu ernähren, selbst wenn nur ein Kind da ist; folglich wird eine normale Erziehung der Kinder in der Familie unmöglich, was ernste soziale Folgen hat. Daher stammt auch die Untergrabung der Gesundheit von Millionen Frauen, die Schwerarbeit leisten müssen.

10. Die Einschränkung der Bewegungsfreiheit innerhalb des Landes, das System des Innenpasses, das für Millionen Kolchos-Bauern bedeutet, daß sie nicht in die Stadt abwandern können. Dabei haben einen guten Teil des Jahres hindurch auf den Kollektivfarmen nur die „Mechaniker", Leute, die die landwirtschaftlichen Maschinen bedienen, wirklich etwas zu tun. Die Zahl der Landbevölkerung ist, gemessen an den Vergleichszahlen des Westens, sehr hoch,

die Jugend ist jedoch bestrebt, das Dorf zu verlassen. Fast keiner der jungen Leute kehrt nach dem Militärdienst ins Dorf zurück. Es gibt viel manuelle, unproduktive Arbeit, die besonders Frauen leisten; nur die „Mechaniker" verdienen schön. Viele Menschen vegetieren einfach dahin. Wohin man schaut – Trunksucht. Die Folklore bezieht sich darauf schon in traurigen Liedern. Außerdem gibt es sehr strenge Einschränkungen der Niederlassungsmöglichkeit für ehemalige Häftlinge, wodurch oft ihr ganzes Leben zerstört wird.

Die ganze Welt weiß vom grenzenlosen Leiden der Krimtataren, die vor 31 Jahren die Opfer einer verbrecherischen Deportation wurden, bei welcher die Hälfte der Kinder und alten Leute durch Hunger und Kälte zugrunde ging. Selbst heute verweigert man ihnen noch das Recht auf Rückkehr in ihre Heimat auf der Krim, wo der Boden ihrer arbeitsfreudigen Hände dringend bedürfte. Analog ist das Schicksal der Wolgadeutschen, der Meßchi-Türken und anderer.

11. Absolut unmöglich ist es für die Mehrzahl der Bevölkerung, auch nur als Tourist ins Ausland zu reisen, ganz zu schweigen davon, im Ausland zu arbeiten, um dort Geld zu verdienen, dort zu studieren oder Heilung zu suchen.

Zu Vergleichszwecken diene: Für das Jahr 1975 wird errechnet, daß von 32 Millionen Westdeutschen, die ihren vierwöchentlichen Urlaub antreten, 16 Millionen ihren Urlaub im Ausland verbringen. Hier sieht man die Absperrung der Sowjetgesellschaft in der Praxis. Eine solche Gesellschaft ist eine Gefahr für ihre Nachbarn (und jetzt sind in der Welt alle Nachbarn).

12. Gesellschaftliche Portraits werden abgerundet durch die „Lumpenisierung" (das Entstehen eines „Lumpenproletariats", A. d. Ü.), die Liederlichkeit einer großen Masse der Bevölkerung und den tragischen Alkoholismus, darunter auch von Frauen und Jugendlichen. Der Alkoholkonsum pro Kopf der Bevölkerung ist dreimal so hoch wie im zaristischen Rußland. Das Verhalten der Behörden diesem allerschrecklichsten Volkslaster gegenüber ist zwiespältig; einerseits wird bedauert, daß viele Arbeitstage verlorengehen und daß dem Arbeiter die Hände schon am Morgen zittern, aber andererseits ist so ein Volk doch gefügiger, verlangt weniger, und das Geld fließt außerdem von selbst in den Staatssäckel (der ja das Monopol auf Spirituosenerzeugung hat – A. d. Ü.) zurück. Und überhaupt, so war es seit jeher Sitte in Rußland, sagen sie, und wir werden das nicht ändern.

Doch ist es Tatsache, daß allein in der RSFSR (also in der russischen Föderativen Republik) Zehntausende Trinker jährlich auf den Straßen zusammenbrechen und dort erfrieren. Und alle Städte, wo es nicht solche Armeen von Milizionären (Polizisten, A. d. Ü.) gibt wie in Moskau, stöhnen unter der immer weiter sich ausbreitenden Epidemie eines sinnlos grausamen Rowdy- und Verbrechertums.

Es ist außerordentlich bezeichnend, daß unsere Gesellschaft in keiner Weise eine Gesellschaft der sozialen Gerechtigkeit ist. Obwohl entsprechende soziologische Forschungen in unserem Lande entweder nicht durchgeführt oder geheimgehalten werden, kann man mit Sicherheit behaupten, daß schon in den zwanziger und dreißiger Jahren und definitiv dann in den Nachkriegsjahren sich in unserem Lande eine eigene Partei- und Bürokratenschicht – die

„Nomenklatura"*, wie sie sich selbst nennt, eine „Neue Klasse", wie Milovan Djilas sie bezeichnet – herausgebildet hat. Diese Schichte hat ihren eigenen Lebensstil, ihre eigene, scharf umrissene Stellung in der Gesellschaft – die der „Chefs", der „Köpfe" – und sie hat sogar ihre eigene Sprache und eigene Denkweise. Der Zugehörigkeit zur Nomenklatura kann man praktisch nicht verlustiggehen, und in letzter Zeit wird sie erblich. Dank einem komplizierten System von geheimen und offenkundigen Dienstprivilegien, dank auch von Verbindungen, Bekanntschaften, gegenseitiger „Verpflichtungen", dank der hohen Gehälter, haben diese Leute die Möglichkeit, in weitaus besseren Wohnungen** zu leben, sich besser zu ernähren und anzuziehen, oft

---

* In dem berühmten Zukunftsroman von Orwell „1984" ist das die „Innere Partei". In der Bundesrepublik Deutschland kam kürzlich die lustige Bezeichnung „Sie-Genossen" auf (das heißt Genossen, die man mit der Höflichkeitsform anspricht).

** Auf Grund eines speziellen Beschlusses der Regierung wurden alle „gewöhnlichen" Bürger aus dem Zentrum Moskaus ausgesiedelt. Ihnen wurden in Randbezirken eigene Wohnungen für die Familie, freilich nach westlichen Maßstäben sehr kleine, aber um vieles besser als die Moskauer „Kommunallöcher", zur Verfügung gestellt. Man siedelt sie an der Peripherie an, in Vorstädten, die voll bebaut sind mit vielstöckigen Standardhäusern, und sie freuen sich sehr darüber. Indessen werden die alten Einfamilienhäuser und andere Denkmäler des alten Moskaus erbarmungslos weggefegt, um Luxushäuser zu erbauen, die mit der sorgfältig ausgewählten Elite besiedelt werden. Hier gibt es eine Versorgung und ein Service auf höchstem Niveau, es wird sogar ein eigener Kanal für die Anlieferung besonders reinen Wassers gebaut. Rund um Moskau dehnt sich ein Ring von luxuriösen Sommerhäusern („Datschas"), die von undurchdringlichen, hohen Drahtzäunen abgeschirmt sind, aus. Das ist die wichtigste Bastion der triumphierenden Nomenklatura, ein Symbol ihrer Macht und ihres Wohlstandes. Das Sommerhaus, das mir aus früheren Zeiten blieb, sieht ungefähr so aus.

um weniger Geld in speziellen „geschlossenen" Läden oder mit Valuta-Zertifikaten oder mit Hilfe von Auslandsreisen, der – bei uns – höchsten Form der Belohnung für Loyalität. Diese Zertifikate heißen bei uns „Geld für Weiße" zum Unterschied vom „Geld für die Schwarzen", den Sowjetrubel (nach dem herkömmlichen Klischee sind die Weißen privilegierte und die Schwarzen erniedrigte Menschen). Die valutarischen Operationen unseres Staates sind ein besonderes und ziemlich heikles Thema. Nicht umsonst werden Bürger, die sich in dieser Beziehung vergehen, bestraft – bis zur Todesstrafe.

Kürzlich wurde eine große Gruppe von Studenten nach dem erfolgreichen Abschluß ihrer Studien an verschiedenen höheren Lehranstalten des Landes für einen monatlichen Aufenthalt nach Leningrad geholt, und zwar unter irgendeinem passenden Vorwand. (Es waren natürlich Komsomolzen; jetzt gibt es an den höheren Lehranstalten praktisch nur Komsomolzen). Man fütterte sie gut und versorgte sie mit Getränken in den besten Restaurants der Stadt, sorgte in jeder Weise für ihre Unterhaltung, alles das kostenlos. Alles in allem ließ man sie leben „wie die jungen Hunde". Hinterher wurden sie gefragt: „Wollt ihr immer so leben? Dann müßt ihr in die WPSCH (Parteihochschule) eintreten!" (Ein Absolvent dieser Schule, und sei er noch so unbegabt, wird mindestens zweiter Sekretär eines Rayonskomitees der Partei.) Diese Geschichte, so scheint mir, spricht Bände. In den zwanziger Jahren wäre sie unmöglich gewesen.

In breiten Kreisen der Bevölkerung besteht eine deutliche Gereiztheit sowohl wegen der Privilegien der Nomenklatura, die auf Kosten der allgemeinen Bevölkerung gehen, als

auch insbesondere oft wegen der offensichtlichen Absurditä-
ten des bürokratischen Stils der Führung. Sogar einem
Menschen, der weitab von der Politik steht, stechen solche
Tatsachen ins Auge, wie die, daß jährlich ein beträchtlicher Teil der Gemüse-, Obst- und Getreideernte verdirbt,
daß auf dem Weg zu den Feldern fast 50 Prozent des
Mineraldüngers zugrundegehen. Empören muß der Raub-
bau durch Fischfang mit Hilfe von Chemikalien und
dadurch, daß auch Jungfischbrut gefangen wird, die Fische
als Folge der Verschmutzung der Wasserbehälter und der
Verletzung von Laichvorschriften zugrundegehen, die Wäl-
der vernichtet werden und der Boden erodiert – all diese
großen Reichtümer unseres Landes. Aufwendige und raub-
baumäßige Jagden der Spitzenfunktionäre in Naturschutz-
gebieten, Versumpfung von Weiden, haarsträubende Unsin-
nigkeiten bei der Planung und in der Praxis des Industrie-
baus, der Mangel an Bedachtnahme auf die Notwendigkei-
ten ausreichender Transportmittel, der Wasserversorgung,
des Service und überhaupt auf die Tagesfragen des einfachen
Bürgers, hartherzige und sinnlose Regelung der Personal-
politik, der finanziellen und wirtschaftlichen Bedürfnisse
aller Betriebe.

Es geschieht häufig, daß sich diese Wut auf Grund von
Tradition, Unwissenheit, Vorurteilen und verschiedenen
Formen des Konformismus, gegen die Intelligenz (die selbst
eine unterdrückte Schicht ist) und gegen Leute anderer
Nationalitäten (in Rußland, Weißrußland und der Ukraine
gegen die Juden, in den mittelasiatischen und baltischen
Republiken gegen die Russen, in Aserbeidschan und Geor-
gien gegen die Armenier usw.) richtet. Sogar die wenigen
„farbigen" Studenten und Praktikanten aus den Ländern der

Dritten Welt sind Gegenstand eines barbarischen Rassenhasses.

Dieser großrussische oder „großsowjetische" Chauvinismus" zeigt sich bei Sowjetbürgern oft auch im Ausland. Nicht ohne Grund werden sie in den arabischen und anderen Ländern, wo viele sowjetische Spezialisten hinkommen, wegen ihrer verächtlichen Einstellung zur einheimischen Bevölkerung gehaßt.

Ebenso „mißgeleitet" ist die verbreitete Antipathie für Chruschtschow, der trotz zahlreicher für das Land schmerzlicher „Übertreibungen" immerhin einen wesentlichen Beitrag auf verschiedenen Gebieten des Lebens geleistet hat. Zu diesen Beiträgen gehören die Entlassung der Häftlinge aus der Stalinzeit, die Erhöhung der Bezahlung für die Arbeitstageeinheit der Kolchos-Bauern, eine wesentliche Erhöhung der Pensionen, Verstärkung des Wohnbaues, die Suche nach neuen Wegen in den internationalen Beziehungen, Versuche der Verbesserung des Führungsstils, Versuche, die Privilegien der Nomenklatura einzuschränken und die riesigen Militärausgaben herabzusetzen. Diese zwei letzteren Unterfangen waren die Hauptursache für den Sturz Chruschtschows vor elf Jahren. Seine „Übertreibungen" dagegen waren zum Beispiel die radikale Beschränkung des Hoflandes, das sinnlose und schädliche Administrieren in der Landwirtschaft und auf dem Gebiete der Kultur, die Verfolgung der Gläubigen, das strenge Regime für Häftlinge und Insassen der Konzentrationslager u. a.

Um der Gerechtigkeit willen muß man feststellen, daß die gegenwärtige Führung des Landes unter Breschnjew, die sich nach außen hin all dem gegenüber, was mit dem Namen Chruschtschow in Verbindung steht, mehr als kühl verhält, in Wirklichkeit einen beträchtlichen Teil der positiven Errungenschaften jener Epoche übernommen hat. Sie vermeidet es aber, diese Kontinuität sichtbar werden zu lassen und legt große Vorsicht an den Tag. Aber dennoch ist irgend etwas verlorengegangen. Und das Wichtigste dabei ist, daß in all diesen Jahren die Entwicklung den objektiven Gesetzen des sozialistischen Systems gefolgt ist, die nur wenig den Korrektiven von oben oder unten nachgegeben haben. Diese Entwicklung hat aber eine immer größere Diskrepanz zwischen den Grundlagen des Systems und den Erfordernissen der Gegenwart mit sich gebracht.

Gäste aus dem Ausland stellen manchmal die Frage: „Wenn bei euch wirklich so viele Mängel vorhanden sind, warum unternimmt dann das Volk nicht Maßnahmen zu ihrer Behebung!?" Es ist nicht einfach, in kurzen Worten auf diese Frage zu antworten. Ein Faktor für die Stabilität des Regimes ist der Umstand, daß der Lebensstandard immerhin, wenn auch langsam steigt. Der einzelne vergleicht sein Leben selbstverständlich nicht mit dem weit entfernten und unerreichbaren Paris oder New York, sondern mit seiner eigenen elenden Vergangenheit. Wichtiger ist aber noch etwas anderes: die immanente Stärke des totalitären Regimes, nämlich die Trägheit der Angst und die Passivität. Es gibt kein Volk, welches in einer einzigen Generation so unvergleichliche Opfer gebracht hätte. Unser Arbeiter, das ist nicht der englische, ja nicht einmal der polnische Docker, die, wenn nötig, auf die Straße gehen können. Obwohl die Lautsprecher jeden Tag dem einfachen sowjetischen Bürger einhämmern, daß er der Herr seines Landes ist, so begreift dieser doch völlig, daß die wirklichen Herren des Landes jene sind, die morgens und abends in gepanzerten schwarzen

Limousinen durch ausgestorbene und abgesperrte Straßen
dahinjagen. Er hat nicht vergessen, auf welche Weise man
seinen Großvater entkulakisiert (d. h. seinen bäuerlichen
Besitz enteignet hat; Kulak: „Großbauer." A. d. Ü.) hat, und
er weiß, daß auch heute noch sein persönliches Schicksal
völlig vom Staat abhängt, vom unmittelbaren oder mittelba-
ren Vorgesetzten, vom Vorsitzenden der Wohnungskom-
mission, vom Vorsitzenden des Gewerkschaftskomitees,
der, wenn er will, sein Kind im Kindergarten unterbringen
kann oder auch nicht, und möglicherweise von dem mit ihm
Schulter an Schulter arbeitenden Informanten des KGB. Bei
Wahlen wirft er in die Wahlurne einen Zettel, auf dem nur
ein Name steht. Er begreift, wie sehr solche „Wahlen ohne
Wahl" ihn politisch erniedrigen. Er fühlt die in dieser
aufwendigen Zeremonie enthaltene Verhöhnung des gesun-
den Menschenverstandes und der menschlichen Würde. Und
doch: Er wird dressiert, und er läßt sich dressieren, um zu
leben. Er betrügt sich selbst. Der Sowjetbürger ist das
Produkt einer totalitären Gesellschaft und vorläufig auch
deren Hauptstütze, und ich kann nichts tun, als das Schicksal anflehen, daß am Ende dieser Sackgasse der Geschichte
keine so gigantischen Erschütterungen stehen, deren mögli-
ches Ausmaß unsere Vorstellungskraft übersteigt. Aus diesem Grunde bin ich Evolutionist und Reformist.

Besonders verheerende Folgen hat der Monopolcharakter
von Partei und Regierung auf dem Gebiet der Kultur und
der Ideologie. Die völlige ideologische Gleichschaltung
verlangt von den Menschen täglich – von der Schulbank bis
zum Lehrstuhl des Professors – Heuchelei, prinzipienlose
Anpassung, Farblosigkeit und Selbstbetrug. Pausenlos geht
die tragikomische rituelle Farce des allgemeinen Treue-

schwurs über die Bühne, die jedes reale und gesunde Denken, jede menschliche Würde verdrängt. Schriftsteller, Künstler und Artisten, Pädagogen, Gelehrte, Humanisten leben unter einem schrecklichen ideologischen Druck, daß man sich wundern muß, wieso Kunst und Humanwissenschaften in unserem Land noch nicht verschwunden sind. Der Einfluß dieser antiintellektuellen Faktoren auf die exakten Wissenschaften und die Technik ist zwar ein mittelbarer, ist aber nicht weniger zerstörerisch. Ein Vergleich der wissenschaftlichen, technischen und ökonomischen Errungenschaften der Sowjetunion und jener des Auslands gibt darüber vollkommene Klarheit. Ich habe darüber schon oft geschrieben. Es ist kein Zufall, daß sich gerade in unserem Land viele Jahre lang neue und vielversprechende wissenschaftliche Strömungen auf den Gebieten der Biologie und Kybernetik nicht normal entwickeln konnten, während an der Oberfläche offene Demagogie, Unwissenheit und Scharlatanerie üppig ins Kraut schossen. Es ist kein Zufall, daß alle großen wissenschaftlichen und technischen Entdeckungen der letzten Zeit – die Quantenmechanik, die Auffindung neuer Elementarteilchen, die Spaltung des Urans, die Erfindung der Antibiotika und der meisten hochwirksamen medizinischen Präparate, die Erfindung des Transistors, der elektronischen Rechenmaschinen, der Laserstrahlen, die Züchtung neuer hochproduktiver Sorten von landwirtschaftlichen Nutzpflanzen, die Schaffung anderer Komponenten der „grünen Revolution", einer neuen Technologie in der Landwirtschaft, Industrie und im Bauwesen – nicht in unserem Lande stattgefunden haben.

Die eindrucksvollen Errungenschaften des ersten Jahrzehnts der kosmischen Ära, die den persönlichen Fähigkeiten des verstorbenen Akademikers S. P. Korolew und einigen zufälligen glücklichen Nebenergebnissen unseres militärischen Raketenprogramms zu verdanken sind, welche direkte Verwertung im Kosmos erlaubten, sind Ausnahmen, die keineswegs die Regel widerlegen. Gewisse Erfolge auf dem Gebiet der Kriegstechnik sind das Resultat einer ungeheuren Kräftekonzentration.

Der ideologische Monismus, die Intoleranz verbunden mit einer kalten (wenn auch nicht vernünftigen) politischen Berechnung führen zu niemals endenden Verfolgungen der Andersdenkenden. Wahrscheinlich gibt es in der Sowjetunion zweitausend bis zehntausend Menschen, die man in die Kategorie der politischen Gefangenen einreihen kann. Diese Zahl enthält nicht diejenigen, die für ihre religiöse Überzeugung leiden; deren Zahl ist wahrscheinlich noch höher. Ich muß außerdem noch sagen, daß meine Information möglicherweise sehr unvollständig ist. Alle politischen Häftlinge werden nach dem geltenden Gesetzeskodex als gemeine Verbrecher angesehen. Ein spezieller Status des politischen Häftlings existiert bei uns nicht. Sie teilen die ganze Last und Erniedrigung ihres Daseins, die für unsere Zeit beschämend und unzulässig ist, mit den Häftlingen anderer Kategorien (die oft auch unschuldig sind). Versuche, Einzelheiten über die Haftbestimmungen und die Lebensumstände der Gefangenen an die Öffentlichkeit zu bringen, werden auf das strengste verfolgt. Das ist der beste Beweis dafür, daß es etwas zu verheimlichen gibt. Immerhin ist vieles bekannt: die schwere Zwangsarbeit, oft mit Verletzung der Sicherheitsvorschriften verbunden; die ungenügende und schlechte Nahrung, wobei es praktisch unmöglich ist, sie mit Hilfe von Paketen und Liebesgaben zu verbessern. Letztere sind streng beschränkt (vermerkt sei, daß diese Beschränkungen auch in der Untersuchungshaft gelten), radikale Beschränkung der Besuchszeiten, der Korrespondenz, der Lektüre; hartherzige, willkürliche Repressalien. Ein Kampf der politischen Gefangenen um ihre Menschenrechte – in letzter Zeit erfuhr man von vielen heldenhaften Streiks und Hungerstreiks – führt in der Regel nur zu neuerlichen Repressalien. Das sowjetische System in Gefängnissen und Lagern, kurz überall, wo sich Gefangene befinden, trägt viele Züge, die von Solschenizyn, Schalamow, Ginsburg, Djakow, Olizkij und Hunderten anderen Augenzeugen und Erforschern des noch schrecklicheren und umfassenderen Systems des GULAG beschrieben wurde. Mehr als 20 Millionen Menschen blieben dort auf der Strecke.*

Von Zeit zu Zeit gab es in der Sowjetunion Amnestien; die zwei letzten zur 50-Jahr-Feier der Entstehung der UdSSR und zur 30-Jahr-Feier der Beendigung des Krieges. Es waren jedoch nur sehr eng beschränkte Teilamnestien und erstreckten sich insbesondere nicht auf politische Häftlinge. Außerdem blieb es der Leitung der Haftanstalten vorbehalten, einen beliebigen Häftling unter dem Vorwand, er habe die Hausordnung verletzt, von der Amnestie auszunehmen.

Ich glaube, daß zur Verbesserung der gegenwärtigen unerträglichen Lage die Errichtung einer internationalen Kontrolle über alle Gefängnisse, Arbeitslager und psychia-

---

* Für uns, die in diesem Lande aufgewachsen sind, werden diese Bücher durch persönliche Eindrücke und Erinnerungen, Aussagen von Verwandten und Freunden ersetzt, die oft nicht weniger schrecklich sind, als die in den Büchern beschriebenen.

trische Spezialkliniken (wo die Bedingungen noch schlechter sind) und eine allgemeine Amnestie für politische Häftlinge notwendig wären.

Wer sind sie – die politischen Häftlinge der Sowjetunion? Die überwältigende Mehrheit von ihnen hat überhaupt kein Verbrechen im Sinne des Wortes, wie es in den demokratischen Ländern verstanden wird, begangen. Sie haben weder Gewaltakte begangen noch zu Gewaltakten aufgerufen. Einer der häufigsten Gründe für politische Repressalien ist die Lektüre, die Aufbewahrung und die Weitergabe von Manuskripten des Samisdat und von Büchern unerwünschten Inhalts (obwohl diese für gewöhnlich im Grunde völlig harmlos sind) an Freunde. Auf der Liste dieser Bücher, die als Grund einer Verhaftung oder einer Verurteilung dienen (es besteht kein „Index" der verbotenen Bücher, jeder muß sich das selbst überlegen), stehen: „Dr. Schiwago" von Pasternak, „Requiem" von Achmatowa, „Ursprünge und Bedeutung des russischen Kommunismus" von Berdjajew, „1984" von Orwell, „Alles fließt" von Grossman, „Gedanken über den Fortschritt" vom Autor dieses Buches, „Technologie der Macht" von Awtorchanow, „Archipel GULAG" von Solschenizyn, die Bücher von Djilas, „Der große Terror" von Conquest, die Zeitschriften des Samisdat, wie die „Chronik der aktuellen Ereignisse", die „Wjetsche" („Volksversammlung"), „Chronik der katholischen Kirche Litauens" und sehr viele andere.*

---

* Sergej Pirogow wurde verurteilt, weil er den Verwandten eines Selbstmörders einen Brief von dessen Hand übergeben hatte, in dessen Besitz er zufällig gekommen war und der angeblich Verleumdungen enthielt. Viktor Njekipjelow und Petrow-Agatow wurden wegen ihrer Gedichte verurteilt.

Dabei muß man berücksichtigen, daß die Sicherheitsorgane zwar in den Großstädten die Stalinsche Praxis, potentielle Kritiker präventiv aus der Gesellschaft auszuschalten, nicht mehr ausüben, in der Provinz dagegen eine ähnliche Praxis, wiewohl in beschränktem Maßstab, bis zum heutigen Tag fortsetzen. Daher landen viele, meist junge Menschen – vielfach aus der Arbeiterklasse und der Provinzintelligenz –, deren erste schüchterne Zweifel mit naiven Illusionen über die Sowjetmacht gepaart sind, geradewegs im Gefängnis oder im Lager. Die meisten Arbeiter, Parteimitglieder und Leute, die erklären, sie seien Marxisten, kommen in schreckliche psychiatrische Spezialkliniken, offenbar aus Gründen der „Sicherheit".

Die Gefängnisse, und insbesondere die psychiatrischen Kliniken, sind überfüllt mit Menschen, die versucht haben, das Land heimlich zu verlassen (oder sich deshalb in eine Gesandtschaft durchgeschlagen haben), nachdem sie daran verzweifelten, ihr Recht auf offiziellem Weg durchzusetzen. Hier befinden sich auch lästige Beschwerdeführer und „Kämpfer für die Gerechtigkeit". In Haft befinden sich Dutzende Krimtataren und Meßchi-Türken.*

Unter jenen, die um ihrer Überzeugung willen leiden, bilden die Gläubigen eine starke Gruppe. Die religiösen Verfolgungen haben in allen sozialistischen Ländern eine erschreckende Tradition, doch nirgendwo, außer vielleicht in Albanien, haben sie einen solchen Umfang und solche Tiefe erreicht wie in der UdSSR. Bereits in den zwanziger

---

* Heute droht einem der mutigsten Kämpfer für das Recht der Krimtataren auf ihre Heimaterde – Mustafa Dschemiljew – bereits eine dritte Verurteilung.

und dreißiger Jahren wurden Angriffe gegen die Religionen mit der stärksten Anhängerschaft geführt, nämlich gegen die Orthodoxen und den Islam, die zahllose Opfer stellten. Jetzt ist die Situation unserer Religionen dermaßen von Erniedrigung und Rechtlosigkeit geprägt, daß sie (zumindest an der Oberfläche) fast zu Anhängseln des Staates geworden sind. Ich will dabei in keiner Weise die Bedeutung dieser Religionen und des inneren Nonkonformismus ihrer Anhänger herabsetzen.

Gegenwärtig hat sich der Schwerpunkt der Repressalien offenkundig in unserem Lande auf die relativ kleinen religiösen Gruppen, die sich sehr widerspenstig zeigen, verlagert: Die Uniaten, Baptisten, Katholiken, die „Altgläubigen", die Pentekostalisten und Buddhisten. Die Verfolgung dieser Gruppen ist bekannt, die gegen sie geübte wirtschaftliche Repression, die Prozesse, die häufig über sie verhängten langjährigen Kerkerstrafen. Besondere Aufmerksamkeit erregte die vor kurzem erfolgte Verurteilung der Baptisten P. V. Rumatschik und G. P. Wins; der tragische Tod in einem Arbeitslager des wegen religiöser Aktivität verurteilten Buddhisten Bidija Dandaron, die brutale Ermordung eines Diakons der Pentekostalisten, der gemeinsam mit seiner Glaubensgemeinde nach den USA emigrieren wollte. Eine der unmenschlichsten Formen der antireligiösen Verfolgung ist die Praxis, den Eltern ihre Kinder wegzunehmen, um sie vor der „verderblichen" religiösen Erziehung zu schützen. Die Verfolgungen der Gläubigen sind eine krasse Verletzung des Grundsatzes der Trennung von Kirche und Staat; eine Einmischung des Staates in die persönliche Überzeugung seiner Bürger, die in einer demokratischen Gesellschaft nicht geduldet würde.

Viele politische Häftlinge sind sogenannte „Nationalisten" aus der Ukraine, den baltischen Republiken und aus Armenien. Über diese Leute, die hauptsächlich wegen ihrer Sorge um die Erhaltung der nationalen Kultur angesichts der realen Gefahr der Russifizierung vor Gericht gestellt werden, sind besonders harte Urteile gefällt worden. In Armenien wurde der 27 Jahre alte Paruir Airikian zu acht Jahren Gefängnis verurteilt; er war schon früher sieben Jahre in Haft.

Eine Besonderheit der Prozesse wegen politischer Tätigkeit ist die Verletzung des Prinzips der Öffentlichkeit (es wird einfach niemand in den Saal zugelassen, außer zwei, drei der nächsten Verwandten und der Vertreter des KGB). Außerdem fehlt selbst der geringste Schein einer objektiven Untersuchung. Es mag dem Leser im Westen schwerfallen, das alles zu glauben, aber man muß eben, wie auch vieles andere in unserem Land, mit eigenen Augen gesehen haben.

Die sogenannten „wissentlich falschen und verleumderischen Erfindungen" – die Hauptbeschuldigung in den politischen Prozessen – werden vom Gericht niemals richtig überprüft; es genügt, daß sie dem Staatsanwalt, den Richtern und dem KGB verleumderisch scheinen (oder scheinen sollten).

Besonders muß das Schicksal jener Leute erwähnt werden, die für ihrer Meinung nach zu Unrecht Verurteilte eintraten und sich für Öffentlichkeit und Gerechtigkeit verwendeten und deshalb verfolgt werden. Das ist das Schicksal von Leonid Plijuschtsch, eines Mitglieds der Initiativgruppe zum Schutz der Menschenrechte in der UdSSR, der in einer psychiatrischen Klinik schrecklichen, an psychischen Mord grenzenden Folterungen unterworfen wurde; das ist das

Schicksal von Wladimir Bukowskij und Semjon Glusman, die zu je sieben Jahren Haft (Glusman befindet sich gegenwärtig in einem Arbeitsstraflager in Perm. A. d. Ü.) verurteilt wurden, weil sie psychiatrische Repressalien aufdeckten; das ist das Schicksal der inhaftierten Andrej Twerdochljebow und Sergej Kowaljow und vieler anderer.

Das, was man die „demokratische Bewegung" nennen kann, wird von Menschen gebildet, die einerseits durch die Unterdrückungsmaßnahmen, andererseits durch die hochherzige Entschlossenheit, das Gebot ihres Gewissens und ihrer Überzeugung nicht zu verleugnen, zusammengebracht worden sind. Obwohl es sehr wenige solcher Leute gibt, die hauptsächlich in den zwei, drei größten Städten des Landes konzentriert und in keiner Weise organisatorisch verbunden sind, ist doch die moralische Bedeutung ihrer Existenz in der monolithischen Sowjetgesellschaft von sehr großer Bedeutung.

Ich bin überzeugt, daß die Verteidigung der sowjetischen politischen Häftlinge und anderer Andersdenkender, der Kampf um mehr Menschlichkeit im allgemeinen, nicht nur eine moralische Verpflichtung aller ehrlichen Menschen in der Welt ist, sondern auch direkt die Menschenrechte in deren eigenem Land verteidigt. Doch stoßen wir oft auf Gleichgültigkeit gegenüber unseren Mißständen. Nach dem Besuch des britischen Premierministers Harald Wilson (an den ich mich mit einer Botschaft gewandt hatte), hörte ich im Radio den friedfertigen Kommentar irgendeines Journalisten, wonach Wilson sich nicht in die Sache der Menschenrechte in der UdSSR einmischen könne, da an diesen Problemen im Grunde genommen „rechte" Elemente interessiert wären, mit welchen er sich nicht solidarisieren könne.

Ich hoffe, daß Wilson ganz anderer Meinung ist, aber welchen Grad kann der Zynismus doch erreichen!

Im Februar 1975 wandten sich Heinrich Böll und ich gemeinsam mit einem Appell für eine Amnestie von politischen Häftlingen und für Erleichterung ihres Schicksals an die Öffentlichkeit. In unserem Brief wurden besonders Wladimir Bukowskij, Semjon Glusman, Leonid Plijuschtsch und eine Reihe anderer politischer Häftlinge, unter ihnen Frauen eines Arbeitsstraflagers in Mordwinien, angeführt. Ich hoffe, daß dieser Aufruf im Ausland nicht unbemerkt geblieben ist, und in unserem Land jenen, von denen die Wiederherstellung der Gerechtigkeit abhängt, bekannt wurde.

In den letzten Jahrzehnten gingen Dutzende Millionen Menschen in völliger Anonymität zugrunde. Die Veränderungen in der Lage unseres Landes haben die physischen Voraussetzungen geschaffen, eine Bresche in die Verschwörung des Schweigens zu schlagen; viele selbstlose, kühne und talentierte Menschen haben sich entschlossen, und waren auch dazu imstande, diese Möglichkeit auszunützen. Aber das war wieder eine Tat, die neue Opfer mit sich brachte. In allerletzter Zeit sind die Verdienste der Herausgeber des anonymen, im Selbstverlag erscheinenden Journals „Chronik der aktuellen Ereignisse" und einiger anderer Gruppen und kühner Einzelgänger besonders hoch einzuschätzen. Sehr wichtig ist die Rolle der Schriftsteller, die vor der Welt die sorgfältig geheimgehaltenen Seiten unseres täglichen Lebens enthüllt haben. Ich habe hier nicht nur die Lager, sondern auch die ganze psychologische, soziale, moralische und ökonomische Situation im Auge. Besonders wichtig bei der Entlarvung der in den Zwangsarbeitslagern verübten

Verbrechen war die Rolle der Augenzeugen, von denen viele besonders bewundernswerte Leute ein schreckliches Schicksal hinter sich hatten, wie Anatolij Martschenko, Danilo Schumuk, Jurij Schuchewitsch, und nun um ihrer wahrheitsgetreuen Aussagen willen erneut der Freiheit beraubt wurden. Zu langjährigen Kerkerstrafen verurteilt wurden auch Viktor Chaustow und Gabriel Superfin, die laut Anklage etwas mit der Veröffentlichung im Ausland des Gefängnistagebuchs eines der Teilnehmer der Leningrader „Flugzeugaffäre", E. Kusnjezow, zu tun hatten.

Im Laufe der Jahre haben die Staatssicherheitsorgane mit besonderer Hartnäckigkeit jene verfolgt, die in irgendeiner Beziehung zur „Chronik der aktuellen Ereignisse", zu ihrer Verbreitung und vermutlich zu ihrer Herausgabe standen. Diensteifrige Richter haben ohne Beweise die „Chronik" als „verleumderisch" abgestempelt und munter Strafen verhängt.

Ein Untersuchungsrichter erklärte jüngst, die „Chronik" sei ein verleumderisches Organ, falls zehn Prozent ihres Materials falsch seien. Aber niemand hat noch den Beweis auch nur für ein Prozent an Fehlern erbracht, obwohl Irrtümer schließlich möglich wären und die anonymen Herausgeber ihre Bereitschaft erklärt haben sollen, Fehler zu verbessern. Von den Menschen, die hauptsächlich der Verbreitung der „Chronik" beschuldigt wurden, will ich besonders zwei Gelehrte, die 1972 verurteilt wurden, nennen – den bekannten Astrophysiker Kronid Ljubarskij und den Mathematiker Alexander Bolonkin.

In all diesen Jahren gab es einzelne Leute, die ihre angeblichen Verfehlungen „bereuten". Aber im ganzen genommen bedeutet die Geschichte der „Chronik" eine vollständige moralische Niederlage der Organe der Macht. Im Mai 1974 übernahmen drei Personen – Sergej Kowaljow, Tatjana Chodorowitsch und Tatjana Wjelikanowa die Verantwortung für die Verbreitung der „Chronik". Welche Bedeutung diese kühne Tat hat, ersieht man aus der vor kurzem erfolgten Verhaftung eines der drei, des begabten Biologen Sergej Kowaljow. Sergej Kowaljow ist Mitglied der sowjetischen Gruppe von „Amnesty International", der internationalen Organisation, die sich den Schutz der politischen Gefangenen in der ganzen Welt zum Ziel gesetzt hat, der „Gewissensträflinge", die (wie sie es umschreibt) keinerlei Gewaltverbrechen begangen oder zu solchen aufgerufen haben. Diese Organisation erfreut sich in der ganzen Welt großer Hochachtung, ihrer politischen Unvoreingenommenheit, ihrer humanitären Einstellung und ihrer Aktivität wegen. Um so bedauerlicher war die Tatsache der Verhaftung eines ihrer Mitglieder in der UdSSR. Dabei blieb es jedoch nicht. Am 18. April 1975 wurde in Moskau der Sekretär der sowjetischen Gruppe von „Amnesty International", Andrej Twerdochljebow verhaftet, ein Mann, bekannt wegen seiner hohen Prinzipien, seines großen Verstandes und seiner geistigen Qualitäten, der schon sehr viel zur Verteidigung der Menschenrechte geleistet hat. Am selben Tag wurden die Wohnungen des Vorsitzenden der Gruppe „Amnesty International", Walentin Turtschin, und eines anderen Mitglieds der Gruppe, Wladimir Albrecht, durchsucht. Ferner wurde, gleichfalls nach einer Hausdurchsuchung, ein weiteres Mitglied der Gruppe festgenommen: der ukrainische Schriftsteller Mikola Rudenko. Am 27. Mai wurde Rudenko aus dem ukrainischen Schriftstellerverband ausgeschlossen: in Abwesenheit, das heißt unter Verletzung der Statuten; in der Sitzung hieß es, Rudenko sei Mitglied einer „bourgeoisen" Organisation. Die Tatsache der Verfolgung von Mitgliedern von „Amnesty International" hat bereits in der ganzen Welt Proteste hervorgerufen. Solche Verfolgungen wären selbstverständlich in einem demokratischen Land unvorstellbar.

Ich hoffe, daß „Amnesty International" zu den Prozessen gegen seine Mitglieder Vertreter entsenden wird. Sie nicht zuzulassen, würde den Sowjetbehörden zu großer Schande gereichen.

Hand in Hand mit den gerichtlichen Verfolgungen Andersdenkender gehen außergerichtliche Verfolgungen – der Verlust des Arbeitsplatzes, die Behinderung bei allen Bildungs- und Arbeitsmöglichkeiten für die Kinder, und dergleichen mehr. Mir will scheinen, daß man im Westen nicht ganz versteht, wie ernst all dies in unserem totalitären Staat ist. Charakteristisch ist auch das Schicksal zweier hervorragender Gelehrter – des Vorsitzenden der sowjetischen Gruppe von „Amnesty International", des Physikers und Mathematikers, Doktor der Wissenschaften Walentin Turtschin und des Physikers und korrespondierenden Mitglieds der armenischen Akademie der Wissenschaften, Jurij Orlow, ebenfalls Mitglied dieser Gruppe, die vor mehr als einem Jahr wegen ihres offenen Auftretens im September 1973 zur Verteidigung meiner Person ihre Stellungen verloren haben.

Man muß hervorheben, daß die Erklärungen der beiden Wissenschaftler im Ton außerordentlich ruhig und dem Sowjetstaat gegenüber völlig loyal waren, was der toleranten und loyalen Geisteshaltung dieser Gelehrten durchaus entsprach. Sie brachten unverfängliche Gedanken zum Ausdruck, die es verdient hätten, gehört zu werden. Aber nichts dergleichen geschah. Ein Wink vom KGB – und zu Tode erschrockene Vorgesetzte und Mitarbeiter „ergreifen Maßnahmen". Nach einer solchen Entlassung aus „ideologischen Gründen" angemessene Arbeit zu finden, ist für Orlow und Turtschin absolut unmöglich. So sind sie aller Mittel für ihren Unterhalt beraubt, es ist sogar schwer, Schüler für Nachhilfestunden zu finden. Leute, die in eine solche Situation geraten, sind froh, wenn sie als Hilfsarbeiter auf einer Baustelle in zehn Tagen 100 Rubel verdienen können.

Andere Formen außergerichtlicher Verfolgung sind die folgenden: Deportation ins Ausland (angewendet im Falle Alexander Solschenizyn); den Menschen in solche Bedrängnis zu versetzen, daß er gezwungen ist zu emigrieren, was praktisch einer Deportation gleichkommt (hiefür gibt es viele Beispiele). Das jüngste tragischste Beispiel ist der Fall Anatolij Martschenko. Nachdem Martschenko aus prinzipiellen Gründen die Emigration über Israel – die seine Verfolger wünschten – abgelehnt hatte, wurde er verhaftet und zur Verschickung verurteilt. Der Entzug der sowjetischen Staatsbürgerschaft wird bei Personen ausgesprochen, die sich gerade im Ausland befinden (Walerij Tschalidse, Jaurés Medwedjew). Mein Freund Walerij Tschalidse war das erste Opfer dieser Variante. Ich gab mich damals meinen Emotionen und unbegründeten Befürchtungen hin und veröffentlichte aus diesem Anlaß eine zweideutig klingende Erklärung; es gibt wenig Handlungen, die ich so bereue wie diese.

Sehr tragisch ist das Schicksal jener, die vor den 1958 erlassenen Gesetzen zu 25 Jahren Haft verurteilt wurden. Diese Gesetze beschränken die Haftzeit auf maximal 15

Jahre. Gewöhnlich hat ein Gesetz, das das Schicksal der Verurteilten erleichtert, rückwirkende Kraft. Jedoch auf Grund eines speziellen Beschlusses des Obersten Sowjets der UdSSR (keinem einzigen der Delegierten zitterte bei der Abstimmung die erhobene Hand) sind diese Leute jetzt noch in den Strafarbeitslagern. Hier ist das Schicksal eines von ihnen: Der litauische Lehrer Pjotr Paulaitis wurde im Jahre 1943 von den Nazis in ein Vernichtungslager gebracht, weil er eine Gruppe von Juden vor den Hitlerschergen gerettet hatte. Paulaitis konnte damals flüchten. Im Jahre 1946 wurde er von einem sowjetischen Gericht wegen Herausgabe einer illegalen nationalistischen Zeitung zu 25 Jahren Haft verurteilt.

Im Jahre 1956 wurde er auf Grund einer Amnestie freigelassen, aber nach zwei Monaten ohne Angabe irgendwelcher neuer Gründe wieder zu 25 Jahren verurteilt. Gegenwärtig befindet er sich in dem mordwinischen Strafarbeitslager. Seine Haftzeit endet 1981. Ein anderer Litauer – der von seinen Freunden wegen seiner Ehrlichkeit und Prinzipientreue hochgeachtete Ljudwigas Simutis – wird die 25 Jahre seiner Strafe 1980 abgesessen haben. Meist ist er an das Krankenbett gebunden – er leidet an Knochentuberkulose. Nicht weniger dramatisch ist das Schicksal der Ukrainer Pronjuk und Karawanski; letzterer ist seit 1944 fast ununterbrochen in Haft gewesen. Zuletzt wurde er wegen Sammelns von Tatsachen über die Tragödie von Katyn* verurteilt Doch gibt es Dutzende anderer in ähnlicher Lage.

---

* 1943 wurden im Wald von Katyn, unweit Smolensk, Massengräber entdeckt, die die Leichen von 11.000 ermordeten polnischen Offizieren enthielten. Von deutscher Seite wurden die Sowjets beschuldigt, diesen Massenmord begangen zu haben. Die Sowjets behaupteten dagegen, die

Ich ebenso wie die meisten Leser dieser Zeilen haben keinen von ihnen jemals gesehen. Aber ihr Schicksal, das an das Schicksal Eingekerkerter in Gefängnissen des Mittelalters erinnert, muß einen jeden erschüttern. Lebenslängliche Haft kommt einem Todesurteil fast gleich, das ich prinzipiell ablehne.

Schon seit Jahrhunderten haben Denker vieler Länder – unter ihnen Cesare Beccaria, Victor Hugo, Leo Tolstoj – beharrlich die Abschaffung der Todesstrafe als einer unmoralischen, unmenschlichen und schädlichen Einrichtung verlangt. In den letzten Jahren ist sie in den meisten fortgeschrittenen Ländern abgeschafft oder nicht mehr angewendet worden. Aber in der UdSSR hält man diesen Schritt für „unzeitgemäß": alljährlich werden (nach meiner überschlagsmäßigen Schätzung) zwischen 700 und 1000 Menschen hingerichtet, erschossen auf Grund einer breiten Skala von Anklagen – sie reicht vom Mord unter erschwerenden Umständen über „Diebstahl staatlichen Eigentums in besonders großem Umfang" bis zu verbotenem Handel mit Valuten und anderer für das westliche Rechtsempfinden ungewöhnlicher Begründungen. Alle diese Prozesse werden in der Presse meist nicht erwähnt. Gewöhnlich gelangen sie nur zur Kenntnis eines sehr kleinen Personenkreises. Das allgemeine Bild des Verbrechertums (insbesondere statistische Angaben darüber) wird überhaupt sorgfältig geheimgehalten. Es ist auch wichtig festzustellen, daß das juristische

Offiziere seien von den Deutschen selbst ermordet worden. Ein diesbezüglicher Anklagepunkt im Prozeß gegen die Hauptkriegsverbrecher vor dem Nürnberger Internationalen Gerichtshof wurde mangels an Beweisen fallen gelassen (A. d. Ü.).

und moralische Niveau der Justizpflege in unserem Lande unter aller Kritik ist.*

In unserem Land werden viele schwere Verbrechen begangen, oft aus Trunksucht und anderen sozialen Gründen. Ich weiß auch, daß diese Übel internationalen Charakter tragen, wenn sie sich auch in verschiedenem Umfang und in verschiedener Schärfe zeigen. Ich bin überzeugt, daß man sie nicht mit Hilfe weiterer und verstärkter Strafmaßnahmen beseitigen kann, sondern nur durch moralischen Aufschwung, durch Hinwendung der Menschen zu den einfachen und wirklich allgemein menschlichen Werten, durch eine Annäherung der Menschen zueinander – durch das, was die Menschen glücklicher und innerlich freier macht. Die Abschaffung der Todesstrafe wäre in unserem Land besonders notwendig, das von dem Geist der Härte und der Gleichgültigkeit menschlichem Leiden gegenüber vergiftet ist.

Kürzlich entstand im Samisdat und in der ausländischen Presse eine Diskussion, die durch scharfe Äußerungen von Alexander Solschenizyn, Igor Schaffarewitsch u. a. über grundsätzliche Fragen der Gegenwart und der Zukunft unseres Landes hervorgerufen worden war. Einige Thesen Solschenizyns erschienen mir unrichtig und beängstigend. Ich hielt es für notwendig, das in einer kurzen Erklärung zu

---

* In den sechziger Jahren, im Verlauf einer der üblichen Kampagnen des Kampfes gegen die Korruption, wurden die meisten Richter und Staatsanwälte eines Moskauer Rayons wegen systematischer Annahme von Bestechungsgeldern ihres Amtes enthoben. Der Grundsatz, den Angeklagten vor der Verurteilung als noch nicht schuldig anzusehen, wird offiziell anerkannt, er ist aber sowohl für die Laienbeisitzer als auch für die Richter im Strafrechtsverfahren bedeutungslos.

veröffentlichen. Hierauf stellte Solschenizyn seine Ansicht klar und präzisierte sie; nun sehe ich keine Veranlassung zur Fortsetzung der Diskussion. Ohne aber jetzt gegen irgend jemand irgend etwas einzuwenden, möchte ich doch meinen Standpunkt formulieren:

Die Rettung unseres Vaterlandes in seiner Wechselbeziehung mit der ganzen Welt ist unmöglich ohne die Rettung der gesamten Menschheit. Demokratische Reformen, die alle Seiten des Lebens erfassen, sind erforderlich; die Zukunft des Landes liegt in seiner Orientierung auf den Fortschritt, auf die Wissenschaft, auf persönliche und gesellschaftliche moralische Erneuerung. Man darf diese Wege der Erneuerung nicht auf die religiöse und nationalistische Ideologie oder auf irgendwelche patriarchalische Ziele im Sinne Rousseaus beschränken. Niemand darf mit einer raschen und universellen Lösung der großen Probleme rechnen. Wir müssen uns alle in Geduld und Toleranz fassen, beides jedoch mit Kühnheit und gedanklicher Konsequenz vereinen. Wir dürfen aber unsere Landsleute, unsere Jugend nicht zu Opfern aufrufen; die Menschen in unserem Land sind vom Staat total abhängig, und er verschlingt jeden, ohne daran zu ersticken. Und Opfer hat es ihrer schon genug gegeben.

Der aus dem Leid entsprungene Aufruf zu nationaler Buße Rußlands hat etwas Edles an sich. Er steht im Gegensatz zur großrussischen Expansion – zur nationalen Schuld und zum nationalen Übel. Aber ist nicht das eine und das andere mit jenem grundlegenden philosophischen Irrtum verbunden, der unweigerlich moralische Schäden und tragische Folgen nach sich zieht? Ist es doch kein Zufall, daß die Religion und philosophisch-ethische, lebensbejahende

Systeme, wie zum Beispiel die Ansichten Albert Schweitzers, die Aufmerksamkeit auf den Menschen und nicht auf die Nation lenken und gerade den Menschen zur Erkenntnis seiner Schuld und zur Hilfe für den Nächsten aufrufen?

Die grundsätzlichen Schwierigkeiten bei der Verwirklichung einer durchgreifenden Reform, die nicht durch ein ganzes Spektrum politischer und sozialer demokratischer Umwandlungen ergänzt wird, kamen in einer tragischen Episode zutage, von der ich jetzt sprechen möchte: Vor ungefähr einem Jahr starb im Gefängnis Chudenko, der Leiter eines von Chruschtschow autorisierten „sozial-ökonomischen" Experiments: Als Leiter eines großen Sowchos (Staatsgut, im Gegensatz zu Kolchos: Kollektivfarm. – A. d. Ü.) wurde ihm erlaubt, in finanziellen, personellen und wirtschaftlichen Fragen völlig selbständig vorzugehen. Es gelang ihm, die Zahl der Arbeiter des Sowchos bei gleichzeitiger Erhöhung der Produktion auf ein Fünftel zu verringern. Die Selbstkosten sanken, aber die Arbeitslöhne stiegen auf ein Vielfaches. Es ist klar, daß solche Änderungen für die Arbeiterschaft unseres Landes sehr vorteilhaft sind; aber dem Konservativismus, der Feigheit und den egoistischen Interessen der Nomenklatura gehen sie gegen den Strich. Deswegen zog man es vor, sich Chudenkos zu entledigen. Als der Sowchos auf Grund eines Dekretes des zuständigen Ministeriums liquidiert wurde, forderte Chudenko in einer Eingabe an das Gericht die Auszahlung der Löhne an die Arbeiter. Er wurde angeklagt, versucht zu haben, dem Staat einen Schaden besonders großen Umfangs zugefügt zu haben. Ein solches Verbrechen kann ein Todesurteil zur Folge haben, aber in seinem Fall ließ man „Milde walten" (in Berücksichtigung seiner Verdienste in der Vergangenheit, seiner familiären Lage und seines Gesundheitszustandes) und verurteilte ihn „nur" zu acht Jahren Haft, die sich für ihn jedoch als Todesurteil erwiesen.

Die inneren Besonderheiten einer Gesellschaft haben sehr wesentliche Folgen auf dem Gebiete der Außenpolitik. Darüber werde ich in den folgenden Kapiteln schreiben. Hier will ich nur einige Umstände behandeln, in erster Linie die Abgeschlossenheit der Gesellschaft und den totalitären Kamarilla-Charakter der Führung, die in der Lage ist, heimlich Beschlüsse zu fassen, ohne irgendeine vorangehende öffentliche Diskussion, und die auch, ebenso geheim, riesige, unkontrollierte Finanztransaktionen in anderen Ländern durchführen kann. Äußerst wichtig ist auch, daß alle Beziehungen unseres Landes zur Außenwelt, sowohl die geheimen als auch die öffentlichen – diplomatische, kommerzielle, wissenschaftliche, propagandistische –, nach einem einheitlichen Plan durch einen einheitlichen Willen gezielt kontrolliert werden können. Alle diese Besonderheiten verleihen der sowjetischen Außenpolitik spezielle Eigenschaften – eine große Dynamik, pragmatische Prinzipienlosigkeit, wie zum Beispiel die Unterstützung tyrannischer Regierungen eines Idi Amin in Uganda, eines Ghadaffi in Libyen und vieler anderer Länder durch ungeheure Lieferungen von sowjetischen Waffen, ebenso wie die Unterstützung des Genocids an den Ibo in Nigerien, der Kurden im Irak usw., in der Ausnützung nationaler, religiöser und politischer Feindseligkeiten in vielen Gebieten der Welt zum Zwecke der Ausdehnung des Einflusses der UdSSR. Sie erleichtern es im Notfall, eine beliebige Vereinbarung zu verletzen, sie ermöglichen Härte, heimliche, subversive Aktionen in anderen Ländern – Bestechung, Betrug, Erpressung und die Organisation von „fünften Kolonnen". Es besteht kein Zweifel daran, daß diese Besonderheiten eine zusätzliche Gefahr schaffen, eine zusätzliche Herausforderung für die Menschheit, die sich ohnehin schon in einer äußerst komplizierten Situation befindet.

Sehr wichtig ist auch der Umstand, daß infolge der andauernden Übermilitarisierung unseres Landes es gerade die Sowjetunion ist, die hohe Militärausgaben der ganzen übrigen Welt weiterhin notwendig macht. Die sowjetischen Waffenlieferungen sind eine der Methoden zur Erweiterung der Einflußzonen, die gleichzeitig eine Erweiterung der Zonen der Konfrontation und der blutigen Zusammenstöße mit sich bringen, die die normale ökonomische Entwicklung der Länder, in welche die Waffen geliefert werden, stören.

Die chronisch mißliche Lage unserer Landwirtschaft – vor der Revolution war Rußland die Kornkammer Europas – ist einer der wichtigsten Gründe, die die Lösung des Welternährungsproblems erschweren.

Das Fehlen ökonomischer Impulse für die Lenkung der Wirtschaft in den sozialistischen Ländern, das bürokratische Pseudoplansystem, die Abgeschlossenheit, die verheerende Verantwortungslosigkeit der Bürokratie – all das erschwert die Zusammenarbeit auf dem Gebiet des Umweltschutzes.

Außerordentlich wichtig ist, daß man sich überall dieser Tatsachen in ihren Zusammenhängen bewußt wird. Nur unter dieser Voraussetzung kann man auf eine Verwirklichung koordinierter und gezielter Aktionen rechnen, die den die Menschheit bedrohenden Gefahren entgegenwirken.

Dieses Kapitel wurde, unseren gewöhnlichen Begriffen nach, ziemlich „gehässig". In qualvollen Stunden, nach der Arbeit, überfällt mich von Zeit zu Zeit unwillkürlich

Unbehagen, ja sogar Scham. Womit befasse ich mich? Tue ich wirklich etwas, das einen Sinn hat? Ich denke an die Menschen, deren Zahl Legion ist, die fraglos unmittelbar nützliche Arbeit verrichten, die Weizen und Rüben anbauen, die Häuser, Brücken und Automobile bauen, die Kinder kurieren und Zähne plombieren, die Verse schreiben, in Laboratorien arbeiten, und die daran glauben, daß sie den Menschen nützen und die von ihrem eigenen Glück träumen. Doch ich verrate keinen von ihnen, ich werfe keine Schatten auf ihre ehrliche Arbeit und ihren Traum. Ich übe auch nicht Verrat an mir selbst und an meinen Möglichkeiten (so ein Verrat ist nämlich auch eine sehr böse Sache). Möglicherweise fehlt es mir an Talent für diese meine Arbeit, an Scharfsinn und an der Fähigkeit, zu verallgemeinern und zu beobachten. Vielleicht reicht meine Lebensweisheit nicht aus, um diese Aufgabe, vor die mich das Schicksal gestellt hat, zu erfüllen. Aber wenn ich innerlich ehrlich bin, so habe ich mir nichts vorzuwerfen; meine Arbeit sollte sich als ebenso nützlich erweisen, wie die Arbeit eines jeden anderen Werktätigen.

II. Das Recht auf Freizügigkeit und Auswanderungsfreiheit

In den letzten Jahren richtete sich die Aufmerksamkeit der öffentlichen Meinung auf das Problem der freien Auswanderung aus der UdSSR, welches einen Teil des allgemeinen außerordentlich wichtigen Problems des Rechtes auf Freizügigkeit und Freiheit der Wahl des Aufenthaltslandes ist. Diese Rechte wurden in der „Allgemeinen Erklärung der Menschenrechte" (Artikel 13) festgelegt und in den „Menschenrechts-Pakten", die im Jahre 1968 von der Generalversammlung der UNO angenommen wurden, bestätigt. Die Regierung der UdSSR hat diese Übereinkommen im Jahre 1973 ratifiziert, früher als andere Großmächte. Jedoch die Praxis der Durchführung vieler Rechte, darunter des Rechtes auf Freizügigkeit hinsichtlich der Wahl des Aufenthaltslandes und das Fehlen einer entsprechenden Garantie durch die nationale Gesetzgebung in unserem Lande, rufen ernstliche Beunruhigung hervor.

Im Dezember 1974 nahm der Kongreß der USA ein „Gesetz über den Handel" an, mit einem Zusatz, wonach die Einräumung der Meistbegünstigung für die UdSSR und andere sozialistische Länder und die Gewährung von Krediten von der Erfüllung gewisser Garantien, betreffend das Recht auf Emigration, abhängig gemacht werden. Vor dem Beschluß hatte der Außenminister, Henry Kissinger, dem Kongreß davon Mitteilung gemacht, daß solche Garantien auf privater diplomatischer Ebene von der Sowjetregierung gegeben worden seien. Unmittelbar vor der Annahme des Gesetzes durch den Kongreß dementierte die Sowjetregierung öffentlich die Mitteilung Kissingers; nach der Annahme des Gesetzes kündigte sie einseitig das Handelsabkommen vom Jahre 1972, einschließlich des Abkommens über Pacht- und Leihzahlungen. Kurz darauf schlossen eine Reihe kapitalistischer Länder (England, Frankreich, Iran, Japan) mit der UdSSR Übereinkommen, auf Grund derer die UdSSR Kredite im Ausmaß von acht Milliarden Dollar (nach einer Mitteilung des US-Präsidenten Ford) erhält, eine Summe, mehr als das Zwanzigfache des von den USA angebotenen Kredits von 350 Millionen Dollar. Nach diesen Ereignissen wurden die Initiatoren des Zusatzes zum Handelsgesetz und ihre Anhänger Ziel einer außerordentlich scharfen Kritik, die, wie ich glaube, ungerecht ist.

Jene unter den amerikanischen Geschäftsleuten, die sich vom Handel mit der UdSSR (hauptsächlich auf Kosten der amerikanischen Steuerzahler) große Profite erhofften, waren sehr enttäuscht von dieser Wendung im Laufe der Dinge, da die Geschäfte nun ihren europäischen und japanischen Konkurrenten in die Hände fielen. Die politischen Gegner und Konkurrenten des Senators Henry Jackson und seiner Anhänger nützten die Situation gleichfalls, um den Autor jenes Zusatzparagraphen zu diskreditieren. In einer Reihe von Artikeln und Reden wurde Jackson und seinen

Anhängern Abenteurertum vorgeworfen, das den amerikanischen Wirtschaftsinteressen und der Politik der Entspannung wie auch der Emigration aus der UdSSR geschadet habe. Dabei lautete zwar die Argumentation, die Sowjetunion könne als mächtiger souveräner Staat angeblich mit einer Einmischung in ihre inneren Angelegenheiten nicht einverstanden sein, daher habe die „ökonomische Erpressung" Jacksons zum Gegenteil des beabsichtigten Resultats geführt. Leider schloß sich der Präsident der USA, Gerald Ford, dieser Kritik an. In seiner Stellungnahme sagte er, daß, obwohl der Kongreß seiner Meinung nach, sich von humanitären Bestrebungen habe leiten lassen, der Zusatzantrag sich als anti-effektiv erwiesen habe, denn nun seien die Emigration erschwert und die wirtschaftlichen Interessen der USA geschädigt worden. Er sagte auch, daß die Methoden der „Geheimdiplomatie" erfolgreicher gewesen seien, da sie eine Ausweitung der Emigration gebracht hätten. Nun aber sei durch die Schuld des Kongresses die Auswanderung wieder zurückgegangen.

Natürlich lehnten nicht alle Amerikaner den Zusatz ab. Soviel ich weiß, hat die Mehrheit der Kongreßmitglieder ihre grundsätzliche Position beibehalten und weicht vor dem sowjetischen Druck nicht zurück. Mit besonderer Genugtuung habe ich im Radio einen Auszug aus der Rede des Gewerkschaftsführers Georg Meany gehört, der den Standpunkt der Arbeiterklasse der USA zum Ausdruck brachte, ein Standpunkt, der weitsichtiger ist als der so manchen Geschäftsmannes und Politikers.

Meine Meinung zu diesem Problem habe ich in einer ganzen Reihe von Dokumentationen zum Ausdruck gebracht. In einem „offenen Brief an die Mitglieder des

Obersten Sowjets der UdSSR" (September 1971), in vier öffentlichen Appellen an den Kongreß der USA in den Jahren 1973–1975 und in einer Erklärung für die Tagung „jüdischer Aktivisten der USA" im Mai 1975. In diesen Dokumenten solidarisiere ich mich voll und ganz mit der Argumentation des Senators Jackson und seiner Anhänger und führe einige ergänzende Überlegungen ins Treffen.

Ich bin der Meinung, daß der vom Kongreß der USA angenommene Zusatzparagraph zum Gesetz über den Handel ein Akt von historischer Bedeutung ist, in den besten demokratischen und humanitären Traditionen des amerikanischen Volkes. Ich lehne die Behauptung der Kritiker des Paragraphen ab, wonach er eine Einmischung in die inneren Angelegenheiten der UdSSR darstellt. Das Recht auf freie Wahl des Wohnsitzlandes wurde in den Menschenrechtskonventionen statuiert, die von der UdSSR ratifiziert worden sind. Dieses Recht hat die größte Bedeutung für die Gewährleistung des internationalen Vertrauens und für die Öffnung der sowjetischen Gesellschaft, was beides für die Sicherheit der gesamten Menschheit wesentlich ist. Dieses Recht hat auch eine außerordentlich große allgemein-soziale Bedeutung für alle Bürger, sowohl für die ausreisenden als insbesondere für die zurückgebliebenen, als Garantie ihrer anderen sozialen und bürgerlichen Rechte. Dieses Recht wird aber nur wirken, wenn auch die nationale Gesetzgebung jeden Bürger, der auszureisen wünscht, vor bürokratischer Willkür schützt. Ich möchte besonders die humanitäre Seite unterstreichen. Tausende von Menschen, die mit ihren Angehörigen zusammenkommen wollen, oder die der nationalen oder einer anderen Diskriminierung zu entgehen suchen, die nationaler Erniedrigung ausgesetzt sind, von den

Behörden verfolgt werden, oder aus dem einen oder anderen Grund es unmöglich finden, in der UdSSR zu leben und zu arbeiten; Personen, die sich in diesem Land nicht frei schöpferisch betätigen können, oder aus irgendwelchen anderen Gründen zu dem schweren und unwiderruflichen Entschluß gelangt sind, auszureisen – sie alle sollten dieses Recht haben. Ich wiederhole auch, daß alle das Recht auf Ausreise haben müssen, auch die überwiegende Mehrzahl, die absolut nicht die Absicht hat, auszureisen. Nur wenn alle diese Rechte gesichert sind, ist der Mensch frei. Wenn man in einem Hause mit versperrten Türen lebt, fühlt man sich als Gefangener, selbst wenn keine Notwendigkeit besteht, auf die Straße hinauszugehen und man aus diesem Grunde gar nicht Tag und Nacht mit dem Kopf gegen die Türen rennt. Solche Gefangene sind wir jetzt alle.

Ich bin auch gegen die Behauptung, daß der Zusatzparagraph in der Praxis der Emigration geschadet habe; im Gegenteil, nur der unablässige Druck auf die Machthaber unseres Landes ermöglichte jene Teilerfolge, die man in den letzten Jahren erzielen konnte, jedenfalls in der Angelegenheit der jüdischen Emigration. Aber ein Fortschritt in der Frage der Emigration anderer Gruppen bleibt aus. Gegenwärtig gibt es in der jüdischen Emigration einen geringfügigen vorübergehenden Rückgang (Hauptgrund hiefür ist, daß die meisten energischen Leute schon ausreisen konnten; es gibt auch andere vorübergehende Gründe). Natürlich steht dieser Rückgang in keinem wie immer gearteten Zusammenhang mit dem Zusatz zum Gesetz über den Handel (er zeigte sich schon früher) und kann daher um so weniger als Argument gegen diesen Paragraphen dienen. Eine Analyse der Ereignisse rund um den Zusatzparagraphen zeigt, daß der wirkliche Grund für die Schwierigkeiten keinesfalls eine Einmischung in die inneren Angelegenheiten der UdSSR war (die Zusicherungen, von denen Kissinger sprach, waren zweifellos gemacht worden), sondern die fehlende Einheit der Länder des Westens. Die Parlamente der westlichen Länder unterstützten die Initiative des US-Kongresses in keiner Weise. In London, Bonn, Paris und Tokio wurden nicht nur keine Maßnahmen analog dem amerikanischen Zusatzparagraphen getroffen, es gab auch keine Spur einer Behandlung dieses Problems. „Der Kreditköder" wurde entwertet durch die Angebote der anderen westlichen Länder. Das Fehlen einer einheitlichen Front, einer Solidarität der Koordination – das war es, was das sowjetische Gegenmanöver ermöglichte. Aber Europäer, die die Schrecken des Hitler-Faschismus hinter sich haben, müßten ebenso wie die Amerikaner die Notwendigkeit der Verteidigung der Menschenrechte begreifen. Deswegen hoffe ich, daß diese Verteidigung in Zukunft nicht nur ein Leitmotiv der europäischen Sicherheitskonferenz gewesen sein, sondern sich in verschiedenen staatlichen Initiativen manifestieren wird.

Ich bin überzeugt, daß ein Zurückweichen des Kongresses in einer prinzipiellen Frage, die von so großer internationaler humanitärer und moralischer Bedeutung ist, völlig undenkbar ist.*

* (Ergänzung vom 2. Juli 1975.) Vom 29. Juni bis zum 2. Juli hielt sich eine Delegation des Senats der USA in Moskau auf; nach Meldung des Auslandsradios führte sie Unterhandlungen mit dem Ziel, einen Kompromiß in der Frage des Zusatzparagraphen zum Handelsgesetz ausfindig zu machen. Nach bis jetzt unbestätigten Nachrichten haben einige der Senatoren als Kompromiß folgendes Übereinkommen vorgeschlagen: Die Sowjetregierung verspricht, die Emigration wesentlich zu erleichtern und die Quote zu erhöhen. Der Kongreß streicht den

Ich hoffe, daß alle internationalen humanitären Organisationen (und nicht nur jüdische) eine weitsichtigere und
einheitlichere Politik betreiben werden. Das Problem der

Zusatzparagraphen, und hierauf erneuert die UdSSR das Handelsabkommen. Wenn das wahr ist, so schlagen damit die Senatoren eine
Kapitulation vor. Ist es nicht klar, daß ein Abkommen, das nicht durch
das gesetzmäßig festgelegte Recht auf Auswanderung bekräftigt ist, in
einem beliebigen Augenblick verletzt werden kann und schon vorher
jeden, der den Wunsch hat, zu emigrieren, unbeschränkter Willkür
ausliefert? Nach einer solchen beschämenden Kapitulation wird es auch
in beliebig anderen Fragen der Entspannung keine Möglichkeit geben,
der sowjetischen Erpressung Widerstand zu leisten. Die langfristigen
Folgen können sich als schrecklich erweisen. Es ist ebenso offensichtlich, daß das vorgeschlagene Abkommen faktisch einen Handel darstellt,
der auch die Möglichkeit einer Emigration für die Deutschen und aller
anderen nichtjüdischen Emigrationswilligen zunichte macht. Gerade
heute habe ich von neuen Verhaftungen Deutscher (eine Vorbereitung
zum Brandt-Besuch) erfahren. Weswegen geschieht das alles? Um den
Handel mit der UdSSR zu erweitern? Was gewinnt die amerikanische
und die westliche Wirtschaft durch ihn, wenn man vom russischen
Wodka und anderen ebenso unnötigen Dingen absieht? Man spricht von
Gold, Rohstoffen, Erdöl und Gas. Aber Gold ist keine Ware, und das
Angebot auf dem Weltmarkt von großen Mengen Goldes aus Kolyma
als Tauschobjekt für reale „lebendige" Waren verstärkt nur die Inflation und nützt den Menschen nichts. Was die Roh- und Brennstoffe
betrifft, so fragt es sich, ob die USA eine Wiederholung, zudem noch in
größerem Maßstab, der Erdölerpressung des Jahres 1973 wünschen. Ist
es notwendig, die amerikanische und die Weltwirtschaft in eine solche
Abhängigkeit von totalitären Ländern zu bringen? Ich rede schon gar
nicht von der strategischen Gefahr einer solchen Abhängigkeit. Übrig
bleibt eines – das humanitäre und soziale Ziel der Entspannung –, die
Demokratisierung der sozialistischen Gesellschaft, sie für den freien
Austausch von Menschen und Informationen zu öffnen und sie damit
weniger gefährlich für die Menschheit zu machen. Aber dieses Ziel wird
durch eine Kapitulation vor der Erpressung nicht erreicht. Ich hoffe
nach wie vor, daß die Mehrheit des Kongresses der USA das begreifen
wird.

freien Wahl des Wohnsitzlandes ist zum Prüfstein für den ganzen Entspannungsprozeß geworden. Irgendwie entscheidet sich gerade jetzt die Frage, was die Entspannung eigentlich ist: ein tiefgreifender, allseitiger Prozeß von historischer Bedeutung, der die Demokratisierung und erhöhte Aufgeschlossenheit der Sowjetgesellschaft in sich schließt, oder ein prinzipienloses politisches Spiel, das irgendwelchen lokalen oder augenblicklichen politischen und ökonomischen Interessen gewisser Personen entspricht und sonst aber nichts anderes als eine Verschwörung hinter dem Rücken der Völker und eine Kapitulation vor dem sowjetischen Druck und der Erpressung ist.

Ich nutze die Gelegenheit, um zu bemerken – und diese Bemerkung hat nicht nur für dieses Problem Bedeutung –, daß trotz Inflation, Brennstoffkrise, trotz der Schwierigkeiten mit der Bekämpfung der Arbeitslosigkeit, die Wirtschaft der USA und anderer entwickelter Länder des Westens auf einer weit gesünderen Basis steht als die chronisch unter Druck befindliche militarisierte und chaotisch gelenkte Wirtschaft der UdSSR. Daher wird, wenn der Westen vorübergehende (für unsere Begriffe sehr unwesentliche) Beschränkungen auf sich zu nehmen bereit ist, kein ökonomischer Druck wirksam sein. Im Gegenteil: der Westen wird Instrumente zur Durchsetzung wichtigster Ziele von langfristiger Bedeutung in die Hand bekommen.

Ich will dieses Kapitel mit einer Beobachtung abschließen: In zahlreichen Zeitungsartikeln, in einigen Aussendungen ausländischer Radiostationen, insbesondere der „Stimme Amerikas", ja sogar in einigen Reden verantwortlicher Politiker wird die allgemeine Frage der freien Wahl des Wohnsitzlandes mit der Teilfrage der jüdischen Emigration nach Israel gleichgesetzt. Ich halte eine solche Gleichsetzung nicht nur für unzutreffend, sondern auch für sehr schädlich. Dabei will ich keineswegs die Bedeutung der jüdischen Auswanderung nach Israel und ihre Schwierigkeiten herabmindern. Ich halte sie für eine Angelegenheit von allgemein menschlicher Bedeutung, grundsätzlicher Wichtigkeit in der tausendjährigen tragischen Geschichte des jüdischen Volkes. Ich verstehe und achte die nationalen Gefühle der Juden, die ausziehen, um ihre neuerworbene Heimat, wiederentstanden nach jahrhundertelanger Diaspora, aufzubauen und zu schützen. Ich weiß, daß zahlreiche Juden Verwandte im Ausland haben, der bald offene, bald heimliche Rassenhaß, die häufig auftretende tatsächliche Diskriminierung, verbunden mit der Aussichtslosigkeit angemessene Beschäftigung zu erhalten, oft bei Personen jüdischer Abstammung den Entschluß zur Auswanderung reifen läßt. Ich weiß von den ungezählten Ausreisewilligen, die jahrelang vergeblich auf eine Ausreiseerlaubnis warten, von den Repressalien und Verfolgungen, die sich in letzterer Zeit verstärkt haben.*

Aber das ganze Problem auf die jüdische Emigration einzuengen, ist unzulässig. Eine solche Gleichsetzung beraubt das Recht auf freie Emigration und Rückkehr der Menschen seiner allgemein-sozialen und internationalen Bedeutung; sie beraubt andere Nationalitäten des Schutzes

---

* Daß kürzlich zwei Juden – Mark Naspitz und Bous Tzitlenok – wegen einer 15 Minuten dauernden Demonstration zu fünf Jahren Verschikkung verurteilt wurden, ist eine neuerliche Bestätigung dieser alarmierenden Tendenz. In der Verurteilung des verdienten Arztes Stern in der Stadt Wilna sehe ich ebenfalls eine verächtliche Einstellung zum Beruf des Arztes, wie sie, wie mir scheint, in einem anderen Land undenkbar ist. Es gibt Nachrichten über die Vorbereitung neuer Repressalien.

ihres Rechtes auf Emigration und gestattet es, mit ihnen heimlich, still und leise abzurechnen. Schließlich gibt diese Gleichsetzung unseren Behörden die Möglichkeit, dem traditionellen Antisemitismus neue Nahrung zu geben und ihn insbesondere gegen die demokratische Bewegung auszunützen.

Ich möchte besonders auf das Problem der Emigration von Personen deutscher Nationalität in die Bundesrepublik Deutschland hinweisen. Für die Sowjetbürger deutscher Herkunft wurde Unterdrückung aus nationalen Gründen zum alltäglichen Schicksal. In jeder Familie gibt es Opfer der Deportationszeiten, Mitglieder, die in den Reservationen und Lagern zugrunde gegangen sind. Kaum ein Deutscher besitzt Hochschulbildung. Es ist für die Sowjetdeutschen unmöglich, ihre eigenständige Kultur zu pflegen, selbst ihre Sprache ist halb vergessen. In der Schule, auf dem Arbeitsplatz hören sie immer nur das Schimpfwort „Faschisten" – ein Ergebnis der nationalistischen und militarisierten Halbkultur, des Einflusses von Radio und Fernsehen und leider auch der Schule. Bis jetzt fanden die Bemühungen um die Emigration von Sowjetdeutschen in die Bundesrepublik nur sehr schwache Unterstützung im Ausland. Hier tragen ihre Landsleute, die gesellschaftlichen Organisationen und die Politiker der Bundesrepublik Deutschland, ein großes Maß der Schuld. Die Sowjetdeutschen belastet besonders, daß die Behörden nebst der Eingabe um die Ausreiseerlaubnis eine Einladung durch nahe Verwandte verlangen. Meist würde dies, nach der willkürlichen Interpretation der Behörden, nur die Eltern bedeuten, die längst gestorben und in den Steppen Kasachstans begraben sind. Außerdem werden Leumundszeugnisse von der Arbeitsstelle verlangt. Tausende Personen erhalten alljährlich vorgedruckte Ablehnungen, aber sie werden gleichzeitig aus dem Geleise ihres Lebens geworfen. Dutzende Deutsche befinden sich in Haft, nur weil sie das Land zu verlassen wünschten. Einige meiner ausländischen Freunde erzählen, daß es vielen Deutschen, die in die Bundesrepublik einwandern, schwerfällt, sich dort an das neue Leben anzupassen, so daß sie zu einer Last werden. Aber die Tatsache bleibt bestehen, daß allen, die sich zur Ausreise entschlossen haben, es unmöglich wird zu leben: sie gehen einfach zugrunde.

Ich bin Senator James Buckley, der mich besucht hat, für seine verständnisvolle Haltung zu diesem Problem sehr dankbar und auch dafür, daß er sich einverstanden erklärt hat, eine Liste mit Namen von 6000 Deutschen aus Kasachstan zu übernehmen, die in die Bundesrepublik repatriiert werden wollen. Diese Liste ist natürlich bei weitem unvollständig. Eine Gruppe selbstloser Personen hat sie zusammengestellt, einige von ihnen wurden deshalb eingesperrt. Die Liste wurde mir kürzlich von dem in die Bundesrepublik auswandernden Sowjetdeutschen Friedrich Ruppel übergeben. Buckley leitete die Liste an den Bundeskanzler der BRD weiter. Ich hoffe, daß in dem schweren Dasein der in der Liste enthaltenen Personen die langersehnte Besserung eintreten wird.

Die Auswanderungssituation ist auch für viele andere Gruppen tragisch. Dazu gehören Armenier (darunter solche, die seinerzeit in die UdSSR umgesiedelt wurden und jetzt wieder emigrieren wollen), ferner Ukrainer und Russen, Litauer, Letten und Esten, Vertreter verfolgter Religionsgemeinschaften, der Pfingstbewegung, der Baptisten u. a. Eine besondere Gruppe bilden jene Personen, die in sozialistische

69

Länder auswandern (oder einfach reisen wollen), vor allem aus familiären Gründen. Da diese Länder von der UdSSR abhängig sind, ist diese Gruppe besonders schutzlos. All diese Menschen brauchen internationale Unterstützung.

III. Die Probleme der Abrüstung

Das unbehinderte Anwachsen des Arsenals an thermonuklearen Waffen, die Entwicklung in Richtung auf eine militärische Konfrontation bedrohen die Menschheit mit dem Untergang der Zivilisation und der physischen Vernichtung. Diese Gefahr zu beseitigen muß zweifellos den Vorrang vor allen anderen Problemen der internationalen Beziehungen haben. (Ich habe oft darüber geschrieben und halte es für nötig, das noch einmal zu wiederholen.) Deshalb sind die Verhandlungen über Abrüstung so notwendig, die einen Schimmer von Hoffnung in der dunklen Welt des selbstmörderischen nuklearen Wahnsinns aufblitzen lassen. Aber ich glaube, daß auch auf dieses Problem sich jene Fehler der Einstellung zur „Entspannung" auswirken, von denen ich schon gesprochen habe – die Zersplitterung des Westens, die Illusionen mancher Leute und das politische Spiel anderer.

Man muß hervorheben, daß die Probleme der Abrüstung untrennbar sind von den anderen Hauptaspekten der Entspannung: der Beseitigung der Abgeschlossenheit der sowjetischen Gesellschaft, von der Stärkung des internationalen Vertrauens, von der Milderung des totalitären Charakters der Sowjetgesellschaft. Selbst wenn man sich nur bemüht, das Problem der Abrüstung zu lösen, so erfordert dies doch eine nicht nachlassende Aufmerksamkeit für die menschlichen Probleme: den Schutz der Menschenrechte, die Erleichterung der Freizügigkeit der Menschen und der Austausch von Informationen als Grundlage des internationalen Vertrauens. Diese „Unteilbarkeit der Entspannung" darf nicht in Vergessenheit geraten. Die Übereinkommen zwischen Nixon und Breschnjew sowie Ford und Breschnjew über Raketenabwehrsysteme und über strategische Interkontinentalraketen – also über Defensiv- und Offensivwaffen – sind von großer Bedeutung. Aber ich als „Außenseiter" möchte in erster Linie auf das hinweisen, was mir an diesen Abkommen unzulänglich, ja sogar gefährlich erscheint.

Im allgemeinen zielen meine Einwände auf das ungenügende Verständnis für das Problem der Kontrolle, in dem man die Besonderheiten unseres totalitären Staates falsch einschätzt und die abnormen Besonderheiten seiner strategischen Doktrin und seiner Abgeschlossenheit unterschätzt.

Die sowjetische Seite hat in allen Unterhandlungen über die Abrüstung immer eine sehr starre Position gegenüber den Fragen der Kontrolle eingenommen. Gründe gibt es hiefür viele – eben die Abgeschlossenheit der sowjetischen Gesellschaft, die (in unserer Zeit unsinnige) traditionelle Spionagefurcht, der Wunsch zu bluffen (d. h. den Eindruck größerer Stärke zu erwecken), der Wunsch, sich die Vorteile des Überraschungsangriffes zu sichern. Dieser starren, letzten Endes unvernünftigen Haltung müßte der Westen große

Festigkeit, die auf realer Kraft und gutem Willen beruht, entgegensetzen.

Ein anderes, ebenso grundsätzliches Problem ist die Befürchtung, daß die strategische Doktrin und die Praxis des totalitären Staates sich als erbarmungslos gegenüber der eigenen Bevölkerung und der gesamten Menschheit erweisen könnte, als abenteuerlich und mehr dem Zufall ausgesetzt, von persönlichen Faktoren und geheimen Beschlüssen abhängiger, als dies in demokratischeren Ländern der Fall ist.

Bevor ich konkret auf die Übereinkommen eingehe, möchte ich noch von jenem verbreiteten Mißverständnis sprechen, wonach die sowjetische Seite aus wirtschaftlichen Gründen an einer wirklichen Abrüstung mehr interessiert wäre als die westlichen Verhandlungspartner. Auf der Basis dieser Annahme werden weitreichende und – meiner Meinung nach – gefährliche Schlußfolgerungen über die Zweckmäßigkeit einseitiger Abrüstung des Westens gezogen. Unglücklicherweise ist die Angelegenheit viel komplizierter. Die Wirtschaft unseres Landes trägt gewiß außerordentlich schwer an der gewaltigen Last der militärischen Ausgaben. Es würde daher in höchstem Maß im Interesse der Mehrheit der Bevölkerung liegen, wenn die vielen Milliarden Rubel für friedliche Zwecke umgewidmet würden. Aber in Wirklichkeit ist eine grundlegende Wandlung in einer so ausschlaggebenden Frage, wie es die Militarisierung der Wirtschaft unseres Landes ist, unmöglich ohne tiefgreifende allgemein-politische Veränderungen. Gegenwärtig herrscht bei den Machthabern der Wunsch vor, keine wesentlichen Änderungen vorzunehmen, um das bestehende Gleichgewicht nicht zu stören und schließlich, um den Status der Elite und ihre Privilegien, die eng mit der gegenwärtigen

Situation verflochten sind, nicht zu gefährden.* Man muß sehr wohl befürchten, daß einseitigen Abrüstungsschritten des Westens keine entsprechenden Maßnahmen des Ostens folgen, was zu einer gefährlichen Störung des nuklearen Gleichgewichtes führen müßte.

Ich glaube, daß Vereinbarungen, die eine reale und nicht nur symbolische Bedeutung haben sollen, folgendes enthalten müßten:

1. Als erste Etappe vor einem völligen Verbot von Lenkwaffen mit thermonuklearen Sprengköpfen Festlegung einer genügend niederen Grenze für diese Trägerraketen.**

Diese Formulierung setzt voraus, daß die Maximalkapazität an Sprengköpfen für Langstreckenraketen (ICBM) sowohl für die UdSSR als auch für die USA in gleicher Höhe festgesetzt wird. Diese Obergrenze muß so niedrig gewählt werden, daß selbst, wenn alle Raketen die Städte des Gegners treffen, doch nur ein kleiner Teil der Gebäude

---

* Ich habe schon erwähnt, daß zu den Hauptgründen für den Sturz Chruschtschows seine Versuche gehörten, die militärischen Ausgaben zu reduzieren und die Privilegien der „Nomenklatura" zu beschneiden.

** Lenkwaffen: Elektronisch gelenkte Raketen. Man unterscheidet nach Reichweite, Kurz- (100 km), Mittel- (bis 1000 km) und Langstreckenraketen (über 1000 km). Die Sowjets sprechen von taktischen, operativen und strategischen Angriffswaffen. In den USA nennt man Langstreckenraketen ICBM (Intercontinental Ballistic Missile).
Sprengkopf: Explosive (atomare) Ladung.
Mehrfachsprengköpfe: Eine Trägerrakete befördert mehrere Sprengköpfe (thermonukleare Wasserstoffbomben), die durch eigene Treibsätze und Steuervorrichtungen verschiedene Ziele angreifen können. (In den USA – MIRV = Multiple Warhead Intercontinental Reentry Vehicle.) (A. d. Ü.)

zerstört und nur ein kleiner Teil der Bevölkerung vernichtet werden kann.

2. Ein Verbot der Entwicklung und Vervollkommnung von Abwehrsystemen gegen Langstreckenraketen. Ein vollständiges Verbot der Mehrfachsprengköpfe. Diese Forderungen scheinen mir realistisch, da die Verwirklichung dieser Waffensysteme sich noch im Anfangsstadium befindet. Den vollen Ausbau zu unterlassen wäre wichtig, sowohl wegen der außerordentlich hohen Kosten (seinerzeit las man, daß die Raketenabwehr viermal so teuer ist wie ein Angriffssystem von entsprechender Kapazität) als auch, weil das Bestehen dieser Systeme zu einer strategischen Labilität beider Seiten beitragen würde, die in Versuchung geführt werden könnten, den ersten Schlag zu führen, um einen entscheidenden Vorteil zu erreichen.*

3. Ein vollkommenes Überwachungssystem, das eine Inspektion an Ort und Stelle einschließt. Die weitere

---

* Der Zusammenhang zwischen „strategischer Labilität" und der Entwicklung von Mehrfachsprengköpfen wird weiter unten ausführlich behandelt. Was Raketenabwehr betrifft, siehe auch eine Reihe ausländischer Arbeiten und Publikationen aus den Jahren 1966–1968 (und meinen Artikel „Gedanken über . . ."), die sich mit der hypothetischen Frage eines thermonuklearen Überraschungs-Raketenangriffs einer Seite befassen, die ein ebenso starkes Angriffspotential hat, wie die Gegenseite, aber als erste ein wirksameres Raketenabwehrsystem verwirklicht hat. Diese Seite kann damit rechen, ihrem Gegner den entscheidenden Schlag zuzufügen und einem wirksamen Vergeltungsschlag zu entgehen. Die Kompliziertheit und Gefahren im Zusammenhang mit dem Problem der Raketenabwehrsysteme werden durch die Unzulänglichkeit der Warnsysteme noch vergrößert.

Entwicklung dieser Abkommen muß das vollständige Verbot thermonuklearer und atomarer Waffen zum Ziel haben.

Leider entsprechen die geschlossenen Vereinbarungen nicht diesem Ideal. Mehr noch, es entsteht der Eindruck, daß sie in mancher Hinsicht gleichsam die entgegengesetzte Richtung einschlagen.

Insbesondere ruft das Abkommen Nixon–Breschnjew über die Raketenabwehr Widerspruch und Bedenken hervor. Dieses Abkommen räumt der UdSSR und den USA das Recht des Schutzes eines Gebietes (im Falle der UdSSR des Moskauer Gebietes) ein, das durch eine kleine Zahl von Abwehrraketen geschützt wird. Nach diversen Schätzungen sind für den wirksamen Schutz Anlagen erforderlich, deren Zahl die im Übereinkommen festgesetzten um ein Vielfaches (z. B. um das Dreißigfache) übersteigt. Daher ist es nicht ausgeschlossen, daß, falls die Kontrolle fehlt, eine der beiden Seiten heimlich die Zahl ihrer Abwehranlagen erhöht.

Wir wissen ferner, daß das Gebiet von Moskau nicht nur das militärisch-industrielle Herz des Landes, sondern vor allem auch die Enklave seiner Elite ist. Es beschleicht einen unwillkürlich der schreckliche Verdacht, daß bei einem solchen Verteidigungssystem der Großteil des Territoriums und der Bevölkerung des Landes der Versuchung zum Opfer gebracht wird, den entscheidenden Vorteil des ersten thermonuklearen Schlages für sich zu gewinnen und dabei auch noch relative Sicherheit für die Moskauer Bürokraten zu garantieren. Erst weitere Abkommen könnten Klarheit in die Sache bringen. Ich hoffe, daß sie in kürzester Zeit zustande kommen.

Nicht minder beunruhigend sind einige Aspekte des Abkommens über die thermonuklearen Angriffswaffen.

Wieder ist die Kontrolle ungenügend. Wenn man auch die unterirdischen und die über dem Erdboden befindlichen stationären Startbasen noch irgendwie von den Spionagesatelliten ausnehmen kann, so bleiben alle übrigen Formen der Unterbringung der Raketen, wie etwa von Unterwasserbasen oder von beweglichen Startbasen aus, völlig unkontrolliert. Das Startgewicht der Raketen (Reichweite und Tragfähigkeit, A. d. Ü.), die Kapazität der Sprengköpfe (ihre Sprengkraft, A. d. Ü.), die Frage, wie groß wirklich der Anteil der Raketen mit Mehrfachsprengköpfen ist, das alles bleibt außerhalb jeder Kontrolle. Die festgesetzte Obergrenze für die Zahl der Trägerraketen ist dazu außerordentlich hoch. Es genügt bereits ein kleiner Teil der erlaubten Zahl, um schreckliche Zerstörungen anzurichten.

Es gibt sehr viele Veröffentlichungen über die Wirkung der Kernwaffen. Ich will daher nur wenige charakteristische Zahlen anführen. Eine Explosion, bei der die gleiche Energie frei wird, wie bei der Explosion von einer Million Tonnen Trinitrotoluol (TNT) (in der Fachsprache eine Explosion im Megatonnenbereich, wie sie etwa einem thermonuklearen Raketengeschoß vom Typ „Polaris" und ähnlicher, was die Tragfähigkeit betrifft, entspricht), zerstört eine städtische bebaute Fläche im Umfang von zirka 50 Quadratkilometern. Auf dieser Fläche wird alles, was brennbar ist, verbrannt; selbst wenn Bunker vorhanden sind, würden Hunderttausende Menschen getötet. Eine Explosion über dem Erdboden in relativ niedriger Höhe erzeugt radioaktive Niederschläge, eine „radioaktive Wolke", die je nach dem Wind wandert. Der Abfall besteht aus radioaktiven Sand- und Staubkörnchen, die durch die Explosion von der Erdoberfläche emporgewirbelt und durch die radioaktiven Produkte der Uranspaltung „imprägniert" werden. Die radioaktive Wolke nach einer Megatonnenexplosion verseucht mit einer tödlichen Dosis von Strahlung (600 bis 1000 Röntgen, im Zentrum noch mehr) eine Fläche von mehreren tausend Quadratkilometern. Die Wirkung der im Augenblick der Explosion entstehenden Gammastrahlen (die so viel Unheil über Hiroshima und Nagasaki brachten) tritt bei Megatonnenexplosionen in den Hintergrund, da diese Strahlen in der Luft in einer Entfernung, die um vieles kleiner ist als der Aktionsradius der Schockwelle, absorbiert werden.

Dem Abkommen von Wladiwostok entsprechend dürfen die UdSSR und die USA je 2400 Trägerraketen haben. Die Kapazität der Sprengköpfe, die in einer Trägerrakete untergebracht sind, wird in dem Abkommen überhaupt nicht erwähnt. Nach den in der Literatur angeführten Daten liegt die Kapazität moderner thermonuklearer Sprengköpfe zwischen einer Megatonne (kleine Raketen vom Typ „Polaris" und ähnliche) und dreißig Megatonnen und darüber (Avia-Bomben und die schwersten Raketen.) Im Jahre 1961 wurde in der Sowjetunion ein thermonuklearer Sprengkopf (eine Wasserstoffbombe) getestet, welcher in seiner vollkommen „umkleideten"* Variante eine Sprengkraft von mehr als hundert Megatonnen TNT hätte. (Darüber sprach N. S. Chruschtschow auf dem XXII. Parteitag der KPdSU.)

Wird ein Teil der Raketen für die Vernichtung der Abschußbasen des Gegners verwendet und ferner ein großer

---

* Mit „umkleidet" meint der Autor den „Mantel" aus Uranium, der bei „schmutzigen" (das heißt ein Höchstmaß an radioaktivem Abfall produzierenden) Atomwaffen verwendet wird. Bei dem fraglichen Test wurde ein Mantel aus Blei verwendet; daher war die Sprengkraft etwas niedriger (A. d. Ü.).

Teil der Angriffsraketen von den Raketenabwehrsystemen abgeschossen, so daß nur fünf Prozent (120 Raketen) mit einer thermonuklearen Gesamtsprengkraft von etwa 600 Megatonnen in die Ziele gelangen, dann ist es sogar unter diesen „bescheidenen" Voraussetzungen sicher, daß der größte Teil der Städte und der Bevölkerung der beiden in einen thermonuklearen Krieg verwickelten Länder, der UdSSR und der USA, vernichtet werden.

Bisher war die Rede von den ins Ziel gebrachten Raketen. Jedoch bei der Explosion einer sehr großen Zahl von Sprengköpfen oder einzelner übergroßer Geschosse erhält die Wirkung weltweiter radioaktiver Verseuchung besondere Bedeutung. Da die Winde imstande sind, radioaktiven Abfall rund um die ganze Erde zu tragen, ist es angesichts der globalen Wirkung ganz unwichtig, wo die einzelnen Explosionen erfolgen. Werden Nuklearwaffen mit einem Energiepotential von 200.000 bis 300.000 Megatonnen zur Explosion gebracht, so bedeutet das die totale Vernichtung allen Lebens auf der Erde. Das in den Abkommen festgesetzte Limit ist nicht allzuweit von dieser Katastrophengrenze entfernt; erreicht nämlich die Gesamtsumme der Geschosse der UdSSR und der USA die erlaubte Zahl von 4800 Raketen, bei einer durchschnittlichen Kapazität von zehn Megatonnen, so beträgt die Summe ihrer Energiekapazität 48.000 Megatonnen (außerdem gibt es ja noch die Nuklearwaffen Englands, Chinas und Frankreichs).

Dazu kommt der auf Grund von Veröffentlichungen bekannte Unterschied der Startgewichte der sowjetischen und der amerikanischen Raketen. Wie der Verteidigungsminister der USA, Schlesinger, im Frühjahr 1975 erklärte, kann eine sowjetische Rakete acht Mehrfachsprengköpfe tragen, die amerikanischen Raketen dagegen drei, d. h., daß der Unterschied im Startgewicht fast das Dreifache beträgt.

Sollte in weiteren Verhandlungen kein Einverständnis über eine Begrenzung der Gesamtkapazität der Sprengköpfe, und zwar auf einem genügend niedrigen Niveau, erreicht werden, so nehme ich an, daß die USA in allernächster Zukunft eine Umrüstung auf stärkere Raketen vornehmen werden. Die UdSSR wird Gegenmaßnahmen ergreifen, das Wettrüsten wird sich noch verstärken.

Besorgnis erregt auch, daß das Abkommen von Wladiwostock die Mehrfachsprengköpfe, die verschiedene Ziele angreifen können, legalisiert. Es wurde des öfteren festgestellt, daß diese neue Mode in der militärischen Raketentechnik das Wettrüsten verstärkt und die Gefahr des Entstehens einer sogenannten „labilen strategischen Situation" erhöht. Das ist eine Situation, in welcher es für jede der beiden Seiten strategisch von Vorteil und relativ gefahrlos ist, den ersten nuklearen Schlag zu führen (in eine menschlichere Sprache übersetzt, „das größte geschichtliche Verbrechen" zu begehen). Die westlichen Autoren, die zu lesen ich Gelegenheit hatte, erklären das Wesens dieses Problems folgendermaßen: Angenommen, die Zahl der Trägerraketen und des Zerstörungspotentials ihrer Sprengköpfe sei auf beiden Seiten ungefähr die gleiche. Die Hälfte der Trägerraketen sei auf jeder Seite mit vier bis sechs Mehrfachsprengköpfen ausgestattet. Nehmen wir weiter an, daß zur Vernichtung einer Abschußbasis durchschnittlich zwei Sprengköpfe erforderlich sind. Klarerweise erhält jene Seite, die unerwartet den ersten Schlag führt, die Möglichkeit, mit einem Teil (70 bis 100%) ihrer Raketen mit Mehrfachsprengköpfen alle Startbasen des Gegners sofort zu vernichten und mit den übriggebliebenen „konventionellen" Raketen alle Städte sowie alle militärisch-industriellen Anlagen und Transportobjekte des Gegners zu zerstören und ihm damit eine totale Niederlage zu bereiten. Damit ist ein kriegsentscheidender Schlag geführt worden, ohne das Risiko eines Gegenschlags. Das ist eben die „Versuchung des ersten Schlages" oder die „strategische Labilität".

Natürlich enthält diese Darstellung viele Vereinfachungen einer in der Realität weit komplizierteren Situation (unberücksichtigt blieben die Unterwasser- und geheimen Abschußbasen und vieles andere), aber es ist wohl klar, daß die Mehrfachsprengköpfe das ohnehin schon außerordentlich schwierige Problem, die Gefahr eines nuklearen Raketenkrieges zu verhindern, noch komplizierter machen. Im Jahre 1968 schrieb ich fast dasselbe über die Raketenabwehr, seither wurde die Situation noch heikler.

Thermonukleare Kriegführung, das ist heute schon eine einzukalkulierende, finstere Realität, ähnlich der Realität von Auschwitz, des Gulag und des Hungers in früheren Jahren. Vielleicht empfinde ich dies schärfer als viele andere Leute, denn ich habe mehr als 20 Jahre in enger Berührung mit dieser phantastischen, beängstigenden Welt gelebt. Obwohl ich seit 1968 an geheimgehaltenen Arbeiten nicht teilnehme und keinen Zugang zu ihnen habe, so daß meine technischen Kenntnisse selbstverständlich stark veraltet sind, so lebt doch die psychologische Erfahrung der vergangenen spannungsgeladenen Jahrzehnte in mir und gibt mir, wie ich glaube, das Recht und die Pflicht, darüber zu schreiben; man mag darüber streiten, meine Absicht ist jedenfalls aufrichtig. Ich kann keine Minute lang vergessen, daß in diesem Augenblick Hunderttausende Arbeiter, Tausende begabte Ingenieure und Gelehrte der verschiedensten Spezialgebiete daran arbeiten, Angriffssysteme auszubauen und zu verbessern: Systeme, deren Abwehr besonders schwer ist, Systeme mit dem synchronisierten Schlag von Tausenden Mehrfachsprengköpfen, vielen Megatonnen und mit fingierten Zielen. Sie arbeiten außerdem an der Schaffung phantastisch-komplizierter und teurer Abwehrsysteme, die demselben Kriegsziel dienen.

Im November 1955 wurden sehr wichtige Versuche mit thermonuklearen Waffen angestellt (im Verlauf der Tests kam es zu zwei tragischen Ereignissen: dem Tod eines jungen Soldaten, der in einem Graben verschüttet wurde, und dem Tod eines zweijährigen Mädchens, Tochter einer alleinstehenden deutschen Frau, das im Bombenschutzkeller durch einen herabstürzenden Balken getötet wurde). Am Abend nach den Tests fand ein kleines Bankett im engen Kreis der Mitarbeiter und führender Gelehrter statt. Ich erhob mein Glas zu einem Trinkspruch, in dem ich sagte, ich hoffte, daß unsere Waffen niemals über Städten explodieren werden. Der Leiter der Tests, ein hoher Offizier, hielt es für nötig, mir in einer Parabel zu antworten. Sie lief im wesentlichen darauf hinaus, daß es die Aufgabe der Gelehrten sei, die Waffen zu verbessern; wie sie verwendet werden, sei nicht ihre Sache. Ihr Verstand sei dafür nicht zuständig.

Im Grunde genommen sagte er dasselbe, was später N. S. Chruschtschow in detaillierterer Form auf einem Treffen mit Gelehrten im Kreml erklärte. (Darüber zu schreiben hatte ich schon Gelegenheit.) Aber sowohl damals als auch heute glaube ich, daß kein einziger Mensch seinen Teil der Verantwortung für eine Sache, von der die Existenz der Menschheit abhängt, zurückweisen kann.

IV. Die Ereignisse in Indochina und im Nahen Osten

Die militärische Tragödie Indochinas, der Nahe Osten und andere Unruheherde der Welt haben mit schrecklicher Anschaulichkeit die tödliche Gefahr der Uneinigkeit, Kurzsichtigkeit und des Egoismus der westlichen Länder zutagetreten lassen. Aber auch die Unterschätzung der Heimtücke des totalitären Gegners spielte hier eine Rolle, die in latenter Form schon in den früher erörterten humanistischen und diplomatischen Problemen sichtbar wurde.

Durch Wochen war die Weltpresse voll mit Nachrichten über die Tragödie von Millionen vietnamesischer und kambodschanischer Flüchtlinge, die sich vor den kommunistischen Truppen retten wollten, von zu Tode erschöpften Kindern, von mit Granaten beschossenen Kolonnen von Frauen, Greisen und Kindern, von Flugzeugen, die von umzingelten Flugplätzen starteten, vollbehängt mit Menschen, wahnsinnig vor Angst. Nun ist der Sieg der kommunistischen Kräfte in Südvietnam, Kambodscha und Laos vollkommen. An die Reihe wird nun Thailand kommen.

Aus Kambodscha, wo die Sieger, die roten Khmer, ihre

prochinesische Orientierung nicht verheimlichen, kommen Schreckensnachrichten über Massenhinrichtungen von Offizieren und ihren Frauen. Wo sind jene Stimmen, die so einmütig gegen die Exzesse Pinochets protestiert haben? Wir hören von beispiellosen Maßnahmen, wie der gewaltsamen Aussiedlung von Millionen Stadtbewohnern in die Dörfer. Ein thailändischer Minister berichtete neulich, daß viele freiwillig nach Kambodscha zurückgekehrte Flüchtlinge unverzüglich hingerichtet wurden.

In Südvietnam wird ein Regime nach dem Muster Nordvietnams errichtet. Mit dem Porträt von Ho Tschi Minh auf jedem Schritt, mit harter Disziplin und Organisation, mit einer gewissen Respektabilität (oder doch ihrem Schein). Man kann davon überzeugt sein, daß der Bevölkerung von Südvietnam noch lange Jahre schwerer Prüfung bevorstehen, denen bis heute kein kommunistisches Land entgangen ist: Kulturrevolutionen, massive Repressalien, Herrschaft der Bürokratie. Die Situation wird noch erschwert durch den unvermeidlichen Kampf zwischen der UdSSR und China um den Einfluß in Vietnam, der dem „Kampfobjekt" nicht billig zu stehen kommen wird.

Was ist wirklich geschehen? Bekanntlich entstand in der Mitte der sechziger Jahre in den USA, besonders in den Reihen der Intelligenz, eine starke Opposition gegen die Teilnahme der USA am Vietnamkrieg. Ende der fünfziger Jahre schien es den meisten selbstverständlich, einem Bundesgenossen gegen eine unverhüllte Aggression, die die Gefahr der Ausbreitung in sich trug, zu Hilfe zu eilen. Die Analogie mit dem kurz zuvor beendeten Koreakrieg erzeugte die Hoffnung auf einen relativ leicht zu erzielenden Erfolg. Zehn Jahre später war jedoch allen klar, daß diese

Analogie trügerisch war. Der Krieg im undurchdringlichen Dschungel und in den Reisfeldern gegen einen unfaßbaren, ausgezeichnet organisierten, erbarmungslosen und aufopfernd kämpfenden Gegner, der mit modernsten sowjetischen Waffen ausgerüstet ist, sah anders aus als die glänzende, blitzschnelle Operation von Intschon im Jahre 1950. Dieser Krieg wurde um so härter, je aussichtsloser er war. Es gingen Zehntausende Amerikaner und Hunderttausende Vietnamesen, Frauen, Kinder und Greise, zugrunde. Die formal-demokratische südvietnamesische Gesellschaft, die in Wirklichkeit aber durch eine Militär- und Polizeibürokratie weitgehend korrumpiert war, zeigte sich den Aufgaben des Augenblickes wenig gewachsen. (Vielleicht bin ich hier auf Grund einseitiger Informationen nicht gerecht.)

Die amerikanischen Kritiker des Vietnamkrieges sahen deutlich, daß man dem Sieg keineswegs näherkam, und glaubten – meiner Ansicht zu Unrecht –, daß er nur durch Aktionen, die die gesamte Weltordnung bedroht hätten, gewonnen werden könne. Kurz gesagt, sie hielten den Krieg für verloren und suchten nach einem für sie mehr oder minder ehrenhaften Weg, um die Bombardierungen, die Tötung der Zivilbevölkerung (mit Napalm-, Phosphor- und Schrapnellbomben und anderen Erfindungen des modernen Krieges) und das Sterben amerikanischer Soldaten zu beenden.

Ich habe hier die ehrlichsten und historisch verantwortungsbewußten Kritiker des Krieges im Sinne (zu denen ich zum Beispiel Daniel Ellsberg, die Brüder Berrigan, Paul Mayer und andere zähle). Außer ihnen gab es eine ganze Armee weitaus schreierischer und verantwortungsloserer Kritiker, die in Wirklichkeit Deserteure und Saboteure waren, und von Personen, die die große Tragödie für ihre kleinlichen politischen Zwecke ausnützten. Besonders empörend war die Haltung vieler Europäer, die keinen Finger rührten, um wirklich zu helfen, aber oft die komplizierte Situation und die historische Perspektive demagogisch entstellten.

Viele Kritiker ignorierten völlig, daß der Krieg mit einer direkten militärischen Verletzung der Genfer Konvention begonnen hatte, daß all die Jahre hindurch eine ununterbrochene gewaltige, militärische, ökonomische und politische Intervention der UdSSR und Chinas stattfand, nicht vielleicht als uneigennützige Hilfe, sondern als direkter Druck; Krieg und Kommunismus wurden faktisch der Mehrzahl der Südvietnamesen und Kambodschaner aufgezwungen, ohne daß sie irgendeine Chance, ihren eigenen Willen zur Geltung zu bringen, gehabt hätten. Die Kritiker stellten sich blind gegen die Tatsache, daß die Grausamkeiten nicht nur auf einer Seite stattfanden (insbesondere blieben so schreckliche Tatsachen „unbemerkt", wie die Massenhinrichtung Tausender Menschen, als die Stadt Hué vorübergehend von den Nordvietnamesen erobert worden war, ferner die systematische Entführung von Menschen aus den Dörfern, die angeblich den Partisanen zuwenig geholfen oder mit dem Feind zusammengearbeitet hatten und dergleichen mehr).

Man berücksichtigte nicht die ungeheure Bedeutung, die der Frage zukommt, ob die USA ihren Verpflichtungen gegenüber ihren Verbündeten nachkommen und damit der ganzen nichtkommunistischen Welt das Gefühl der Sicherheit geben.

Ich glaube, die tragische Entwicklung hätte verhindert werden können, wenn nur die Amerikaner größere Entschlossenheit und Konsequenz bei ihren Aktionen auf militärischem und insbesondere politischem Gebiet gezeigt hätten. Politischer Druck auf die UdSSR, mit dem Ziel, die Lieferung von Waffen nach Nordvietnam zu verhindern, rechtzeitige Bereitstellung eines starken Expeditionskorps, Einschaltung der UNO, wirksamere ökonomische Hilfe, die Heranziehung anderer asiatischer und europäischer Länder; all das hätte den Verlauf der Ereignisse beeinflussen und den Krieg mit all seinen Schrecken auf beiden Seiten verhindern können.

Sehr groß ist die Schuld der anderen Länder des Westens, Japans und der Dritten Welt, die die verbündeten USA in ihrem schweren, fast hoffnungslosen Versuch, sich der totalitären Bedrohung im südöstlichen Asien zu widersetzen, in keiner Weise unterstützten. Denn das, was heute Thailand droht, wird morgen, wenn auch in anderer Form, Schicksal der ganzen Welt sein. Von der Verantwortung der UdSSR, der Volksrepublik China und anderer sozialistischer Länder will ich hier gar nicht reden, obwohl man doch fragen müßte, worin denn die Entspannung bestehen soll, wenn nicht darin, vor allem zu versuchen, militärische Konflikte zu verhindern.

Sogar als der Krieg schon in eine Sackgasse geraten war, hätte ein Zusammenwirken diplomatischer und entschiedener militärischer Anstrengungen – den Amerikanern und der ganzen Welt entsprechend erklärt – zu einer Stabilisierung der Lage führen können, wie es ja auch gelang, die Lage in Europa zu stabilisieren, wo zwar die Teilung Deutschlands eine tragische (und, wie ich hoffe, vorübergehende) Erscheinung ist, die aber den internationalen Frieden nicht bedroht.

Aber all das erwies sich ohne Unterstützung der öffentlichen Meinung Amerikas und der Welt als unmöglich. Die

Pariser Verträge hatten das Ergebnis, daß noch vor Kriegsende die amerikanischen Kriegsgefangenen in Nordvietnam freigegeben wurden. Gleichzeitig bedeuteten diese Abkommen jedoch einen Verrat an Südvietnam und vielleicht auch in der Zukunft an anderen großen Räumen der Welt.

Mit den modernsten sowjetischen Waffen ausgerüstet, brachen die Nordvietnamesen im geeigneten Augenblick ohne Zögern alle Verpflichtungen, die sie in den Pariser Verträgen auf sich genommen hatten, und fegten die südvietnamesische Armee hinweg.

Zu guter Letzt kam noch der Protest, der sich in den USA gegen die Aufnahme der Flüchtlinge erhob, die angeblich diesem reichsten Land der Welt zu Last fallen könnten. Der beschämende Abschluß dieser Tragödie zeigte, wie krasser Egoismus und seichte Gleichgültigkeit gegenüber einer großen Tragödie Hand in Hand gehen können mit dem Heroismus der amerikanischen Seeleute und Piloten, die die Flüchtlinge aus dem Feuer Vietnams herausführten, und mit der Hochherzigkeit jener Familien, die bereit waren, vietnamesische Kinder aufzunehmen.

Ich hoffe, daß die schreckliche Lehre aus der Tragödie Indochinas nicht umsonst für die Welt gewesen ist, nicht umsonst auch für die Amerikaner. Nicht Isolationismus, sondern selbstlose, kühne und großzügige Anteilnahme am Schicksal der gesamten Menschheit ist notwendig, nicht Illusion, sondern die nüchterne Erkenntnis des Ernstes der Herausforderung, welche die Geschichte den Lenkern der westlichen Welt stellt; nicht eine unentschlossene, inkonsequente Außenpolitik, die dem Volk nicht genügend verständlich gemacht wird, sondern die gründlich überlegte Wahl der Hauptziele und eine maximale Entschlossenheit, sie zu erreichen. Die Welt bedarf nicht des Gezänks zwischen den Parteien, kleinlicher wirtschaftlicher und politischer Kalkulationen, sondern der Bereitschaft, notwendige Opfer und Einschränkungen für die Rettung der Menschheit und damit auch des eigenen Landes auf sich zu nehmen. Das sollte man vom Land eines Lincoln, Roosevelt, Eisenhower und Marshall und von den anderen Ländern des Westens und des Ostens erwarten können.

Eine andere Zone blutiger Ereignisse ist der Nahe Osten. Die jahrzehntelange Konfrontation – angefacht seit den fünfziger Jahren durch die eigennützige Politik der Sowjets – hat die Situation dort so verwirrt, daß es jetzt schon sehr schwerfällt, eine für alle annehmbare Lösung zu finden.

Ich erinnere mich oft daran, wie im Jahre 1955 ein hochgestellter Funktionär des Ministerrates der UdSSR einer Gruppe im Kreml versammelter Gelehrter erklärt hatte, daß – im Zusammenhang mit einer Ägyptenreise des Mitgliedes des Präsidiums des ZK der KPdSU, Schepilow – nunmehr im Präsidium die Grundsätze einer neuen sowjetischen Politik im Nahen Osten beraten würden. Das langfristige Ziel dieser Politik sei es, den arabischen Nationalismus auszunützen, um für die europäischen Länder Schwierigkeiten in der Erdölversorgung zu schaffen und sie auf diese Weise gefügiger zu machen. Heute, da die Weltwirtschaft durch die Erdölkrise desorganisiert ist, wird die ganze Heimtücke und die Wirksamkeit dieser Politik mit Erdöl („Verteidigung der gerechten Sache der arabischen Völker") sichtbar, und der Westen tut dennoch so, als ob die UdSSR damit nichts zu tun hätte.

Während des Oktoberkrieges 1973, den Ägypten und Syrien begonnen hatten, brachte die Intervention der amerikanischen Diplomatie und des Außenministers Henry Kissinger, im Zusammenspiel mit den besorgten sowjetischen Führern, die in einen strategisch wichtigen Raum durchgebrochenen Panzertruppen des Generals Sharon zum Halten und sogar zum Rückzug.

Manche meinen, diese Einmischung komme, unter den konkreten Bedingungen von damals, fast einem Verrat an der Sicherheit Israels gleich; jedenfalls wurde es der Früchte eines schwererrungenen Sieges beraubt. Ich kann diese Ansicht nicht ganz teilen, aber ich glaube, daß die USA und die europäischen Länder im Oktober 1973 die Verantwortung für das Schicksal Israels auf sich genommen haben, und daß es jetzt an der Zeit ist, diese Rechnung zu begleichen.

Ich meine, daß hier, wie bei anderen analogen Problemen, Einheit der Länder des Westens notwendig wäre, eine Bereitschaft, vorübergehend wirtschaftliche Opfer auf sich zu nehmen bis zu einem zeitlich beschränkten Embargo des arabischen Erdöls. Sie müßten ferner mit allem Nachdruck von der Sowjetregierung und anderen Regierungen fordern, die Waffenlieferungen einzustellen oder doch zu beschränken. Ein Kompromiß mit Berücksichtigung der realen Erfordernisse auf beiden Seiten muß angestrebt werden. Ich bin überzeugt, daß nur eine solche Politik langfristig den Interessen aller Länder der Welt entspricht.

Eines der zentralen Probleme des Nahostkonflikts bildet das Schicksal der Palästinenser. Ich bin überzeugt, daß alle Interessierten – die Palästinenser selbst, Israel und Jordanien – zweifellos eine für alle annehmbare Lösung finden werden. Aber es ist wichtig, daß die Führer der Palästinenser de facto ihre Loyalität gegenüber einer künftigen Lösung des arabisch-israelischen Konfliktes als Ganzem und hinsichtlich der

Sicherheit Israels erklären. Sie müßten ferner beweisen, daß sie das internationale Recht respektieren und sich von den extremistischen und terroristischen Gruppierungen distanzieren.

Eine weitere Folge der sowjetischen Präsenz im Nahen Osten war die Tragödie der irakischen Kurden, die in vielem der Tragödie des Ibo-Volkes in Nigerien ähnelt, für die zum Teil auch die sowjetische Einmischung verantwortlich ist. Der Irak, der von der UdSSR massive militärische Unterstützung, und zwar Flugzeuge, Panzer, Raketen, Napalm, Militärspezialisten und die Möglichkeit, die Daten der Spionagesatelliten auszuwerten, erhalten hatte, setzte all das im Kampf gegen das kleine friedsame und stolze Volk der Kurden ein, ein Volk, welches nichts anderes will als Autonomie innerhalb des Irak. Ich habe mich zweimal an den Generalsekretär der UNO und an die Generalversammlung gewandt, mit der Bitte einzugreifen: das erste Mal, um die Kriegsgreuel zu lindern und die Lieferungen von Waffen aus dem Ausland zu stoppen, und das zweite Mal, um die Entsendung ausländischer Beobachter nach Kurdistan zu erreichen, damit Racheexzesse der Sieger verhindert werden. Ich bin weiterhin der Ansicht, daß es eine Pflicht der Menschheit ist, einzugreifen und sich mit den Vorgängen im irakischen Kurdistan zu befassen.

Die Lage in vielen anderen Gebieten der Welt ruft gleichfalls Beunruhigung hervor. Eines der tragischsten Probleme ist das Schicksal politischer Häftlinge in Indonesien. Gestützt auf eine objektive Information, die mir durch Mitglieder der sowjetischen Gruppe von „Amnesty International" zugekommen ist, wandte ich mich im Jahre 1974 an den Präsidenten von Indonesien, mit dem Appell, die politischen Häftlinge zu amnestieren. Leider erhielt ich keine Antwort. Dieses und viele andere analoge Probleme (Apartheit in Südafrika – ein weiteres zum Himmel schreiendes Beispiel) dürfen von der Weltöffentlichkeit nicht vergessen werden. Die Rolle von „Amnesty International" ist in allen solchen Angelegenheiten schon traditionell groß und edelmütig gewesen. Besondere Unterstützung verdient die von dieser Organisation eingeleitete internationale Kampagne gegen Folterungen.

V. Die liberale Intelligenz des Westens, ihre Illusionen und ihre Verantwortung

In jüngerer Zeit war es mir vergönnt, zum erstenmal mit Leuten aus dem Westen zusammenzutreffen und durch persönliche Eindrücke meine Vorstellung von dieser Welt zu überprüfen und zu ergänzen, einer Welt, die zwar in vieler Hinsicht einen Gegensatz zu unserer bildet, aber in ihren inneren Werten und im Wichtigsten menschlich verständlich ist. Ich empfinde tiefe Sympathie, Hoffnung und Hochachtung, die fast an Neid grenzt, für die Intellektuellen des Auslandes und für jene Persönlichkeiten, deren Bekanntschaft ich selbst machen konnte. Ich sehe und schätze an den besten Vertretern des Westens ihre innere Freiheit, ihre Bereitschaft zu diskutieren, bei völligem Respekt für die Meinung des Gesprächspartners – ihre Freiheit von nationalen Vorurteilen, ihre realistische und praktische Denkweise und ihre Bereitschaft, an allen altruistischen Unternehmungen aktiv mitzuarbeiten.

Und doch gibt es, meiner Meinung nach, einen vielen westlichen Intelligenzlern gemeinsamen charakteristischen Zug, der eine gewisse Beunruhigung hervorruft. Es handelt sich um das, was ich die „linksliberale Mode" nenne. In naiver Form kam sie teilweise in einer Replik zum Ausdruck, die ein Amerikaner einem Emigranten aus der UdSSR gab: „Na schön, ihnen gefällt in Rußland vieles nicht. Man hat sie dort beleidigt, schlecht behandelt. Da kann ich sie verstehen. Aber diesen Chinesen gegenüber, da haben sie doch, wie ich glaube, keine Vorurteile? Gefällt ihnen denn wirklich das, was sich dort bei denen abspielt?"

Wenn ich mit dem, was ich schreibe, mit meinen Einschätzungen und Erklärungen nicht recht habe, dann mögen mir meine Freunde im Westen meine mangelhafte Informiertheit verzeihen. Aber wenn ich auch nur teilweise „ins Ziel traf", so glaube ich, daß sie nachdenken sollten.

Ich zweifle nicht an dem Altruismus und der humanitären Haltung der meisten liberalen Intellektuellen des Westens, an ihren Bestrebungen zum Wohle aller Menschen, für Gerechtigkeit und Gleichheit vor dem Gesetz für alle.

Aber ich fürchte, daß der Mangel an Information und die Unmöglichkeit, sich kritisch zu den Informationen zu verhalten, die im Westen vorherrschende Mode, die Furcht, rückschrittlich zu erscheinen (insbesondere „hinter den eigenen Kindern zurückzubleiben", wie offen eingestanden wird), der Mangel an Phantasie, wo der Faktor großer Entfernungen eine Rolle spielt, eine unzureichende Vorstellung von der tragischen Kompliziertheit des realen Lebens, insbesondere in den sozialistischen Ländern, daß all dies zu sehr gefährlichen Fehlern, sowohl im innenpolitischen Leben der westlichen Länder als auch bei der Einschätzung der komplizierten Probleme internationaler Beziehungen führen kann.

Der Entfernungseffekt ruft Zweifel in bezug auf jene

seltsamen schrecklichen und ungeheuerlichen Dinge hervor, von dem man nur aus Büchern und Erzählungen erfährt.*

Die liberale Intelligenz des Westens hat zweifellos schwerwiegende Gründe dafür, mit vielen Aspekten der sie umgebenden gesellschaftlichen Realität unzufrieden zu sein. In Hunderten von Zeitungen lesen die Intellektuellen von Akten der Gewalt und der Grausamkeit, von sozialer und rassischer Diskriminierung, von den Schrecken des Hungers in den unterentwickelten Ländern und von dem Grauen des Krieges; sie lesen das nicht nur, sondern sehen es auch mit eigenen Augen, da es kein Problem darstellt, im eigenen Land umherzureisen, oder ein Visum – wenn das überhaupt notwendig ist – für eine Reise nach Afrika und Lateinamerika zu bekommen.

Die Menschen im Westen verfügen über eine Fülle von Informationen, die ihnen eine Unzahl verschiedenster Ideen zugänglich macht. Sie erleben die Koexistenz konkurrierender politischer Strömungen. Einige politische Gruppen verfolgen sehr private Interessen, aber alle bekennen sich zu den einen oder anderen politischen Grundrichtungen. Im Westen wird politische Tätigkeit – die Publikation und Propaganda gesellschaftlicher Ideen – ebenso leicht professionell betrieben wie irgendeine andere Tätigkeit und ist mit

---

* Die Mutter meiner Frau, die viele Jahre in den Strafarbeitslagern Stalins als ChSIR (d. h. als Mitglied der Familie eines „Volksverräters" – A. d. Ü.) zubringen mußte, besitzt einen in Frankreich lebenden nahenVerwandten. Dieser fragte sie, ob denn auch „ein Körnchen Wahrheit" an dem sei, was Alexander Solschenizyn schreibt. (Dieser Verwandte nimmt übrigens eine führende Stellung in der KP Frankreichs ein.) Meiner Schwiegermutter blieb nur ein bitteres Lächeln übrig.

materiellen Interessen von Gruppen und Einzelpersonen verbunden.

Genau wie wir, sind auch manche Leute im Westen nicht imstande, selbständig und kritisch die auf sie einstürzende Flut von Fakten, Meinungen und Ideen einzuschätzen. In den Vordergrund tritt die „Mode" mit ihren irrationalen Gesetzen; nicht selten sind es nicht logische Gedanken, sondern kurzlebige Ideen, die aber extravaganter oder leichter verständlich sind.

Die „linke Mode" ist, wie mir scheint, gegenwärtig im Westen vorherrschend und hat ihre Position durch eine komplizierte Verflechtung diverser Faktoren errungen. Einer dieser Faktoren ist das ewige Streben der Jugend nach den radikalsten Veränderungen, und die Angst der erfahrenen und vorsichtigeren Vertreter der älteren Generation, „hinter den Kindern zurückzubleiben". Im Westen bestehen wie überall komplizierte soziale Probleme, die man im Rahmen der bestehenden Ordnung nicht sofort lösen kann. Aber radikale Mittel schaffen die Illusion rascher Lösungen, sie bestechen durch ihre scheinbare Einfachheit.

Ein weiterer, nicht unwichtiger Faktor für die Vorherrschaft linker Ideen ist der Umstand, daß seit Jahrzehnten die westliche Welt mit ihrem Wettbewerb der Ideen einem unaufhörlich sich ergießenden Strom der kommunistischen prosowjetischen oder prochinesischen Propaganda ausgesetzt ist, die im Grunde vernünftige soziale Ideen mit Halbwahrheiten und Lügen tendenziös vermischt. Vielleicht ist dieser Faktor nicht der wichtigste; aber er ist wirksam, er übt eine bestimmte Kraft aus und wird in seiner Wirksamkeit verstärkt durch direkte und indirekte Bestechung einzelner Literaten und Politiker.

Dies scheint mir der Boden zu sein, aus dem der herrschende Typ des linksliberalen Intelligenzlers des Westens mit all seinen Illusionen und Fehlern aufwächst.

Die Mehrheit dieser Intellektuellen besitzt hochherzige und humane Ansichten, ihre Unzufriedenheit mit der Umwelt hat gute Gründe, die im Altruismus, dem Streben nach Gerechtigkeit und dem allgemeinen Wohl begründet sind. Diese Tatsache erlaubt die Hoffnung, daß der westliche Intellektuelle uns schließlich nicht „enttäuschen" wird. Für Totalitarismus, für Faschismus beliebiger Abart, für Demagogen und Politiker beliebiger Prägung hat er, wie ich hoffe, nichts übrig.

Für sein eigenes Land fordert der liberale Intelligenzler des Westens eine vollkommene Verwirklichung der Bürgerrechte und ökonomische und soziale Reformen der sozialistischen Art. Diese Bestrebungen entsprechen dem Geist der Zeit und fördern, wenn sie mit Vorsicht verwirklicht werden, wahrscheinlich Gerechtigkeit, Glück und Wohlstand; sie helfen die Unebenheiten und Defekte der Gesellschaft zu beseitigen.

Aber ich habe nicht zufällig unterstrichen, daß Vorsicht geboten ist. Ich bin zutiefst überzeugt, daß eine leichtfertige Befolgung der linksliberalen Mode sehr große Gefahren in sich birgt. Eine der internationalen Gefahren der modernen Tendenzen ist der Verlust der Einheit des Westens und ein Nichtbegreifen der immerwährenden globalen Gefahr, die von den totalitären Ländern droht. Der Westen darf unter keinen Umständen eine Schwächung seiner Positionen gegenüber dem Totalitarismus zulassen. Für jedes Land besteht eine innere Gefahr, in den staatskapitalistischen, totalitären Sozialismus „abzurutschen". Natürlich sind diese beiden Gefahren eng miteinander verbunden. Und noch etwas: Die Begeisterung für „linke" Ideen darf nicht zur Schwächung des internationalen Kampfes für die Menschenrechte in der ganzen Welt führen: Es muß gleiche Maßstäbe für Engländer, Franzosen, Neger aus Südafrika, Tataren, Russen, Ukrainer, Chinesen und Vietnamesen geben. Viele alltägliche Probleme, die einfache Menschen im Westen heute bewegen, sind in Wirklichkeit wenig bedeutend im Vergleich mit den oben angeführten. Sollte ein solcher Bürger eines westlichen Landes, seine Kinder oder Enkelkinder, jemals in einer Gesellschaft leben müssen, die auch nur entfernt der unseren oder der chinesischen ähnlich ist, dann würden sie verstehen – wenn es nicht schon zu spät ist.

Der verstorbene Arkadij Belinkow, den die westliche Welt so kühl und mißtrauisch aufgenommen hat, schrieb seinerzeit in einem Brief an den PEN-Club: „Der Sozialismus ist eine Sache, die man zwar leicht kosten, aber schwer ausspucken kann." In der Tat ist der totalitäre Sozialismus (nach Wunsch kann man ihn auch Pseudosozialismus nennen) auf Grund der ihm innewohnenden absolut stabilen Eigenschaften der Trägheit, der Angst und der Passivität eine Art historische Sackgasse, aus der man schwer entkommt.

Einige Leute im Westen sind der Meinung, daß alle Mißerfolge und Mißstände in der UdSSR und in anderen östlichen sozialistischen Ländern damit erklärt werden können, daß es „finstere asiatische Länder" sind, ohne demokratische Traditionen, ohne in Jahrhunderten eingeimpfte Achtung vor den Rechten der Persönlichkeit, vor dem Individuum. Für diese Länder – für Russen, Chinesen Vietnamesen – sei all das, was vor sich geht (Terror, Chaos, Schmutz

in der Gebärklinik, Verletzung der Freiheitsrechte – ich
führe absichtlich Dinge so verschiedenster Ebenen an)
angeblich gewohnt, ja es ist angeblich sogar „fortschritt-
lich". Denn auf so seltsame Weise machen diese Völker
angeblich einen Schritt vorwärts. Der Westen jedoch, mit
seinen demokratischen Traditionen, würde sich angeblich
mit einem einzigen Sprung sogleich auf eine höhere Stufe des
„Sozialismus mit menschlichem Gesicht", eines humaneren
und effektiveren Sozialismus erheben. Insbesondere sind
solche Argumente, soviel ich weiß, unter den Kommunisten
des Westens verbreitet, vor allem unter den intellektuellen
Mitgliedern und ihren führenden Kadern. (Für die einfachen
Kommunisten werden einfachere Methoden der Entstellung
und Verschleierung der Wahrheit über die Länder des
siegreichen Sozialismus verwendet.)

Diese typischen linksliberalen Argumente (ich nenne sie
„umgekehrten Slawophilismus") werden jedoch durch die
historische Erfahrung keineswegs bestätigt. Sie scheinen mir
vielmehr eine gefährliche Illusion und eine amoralische
Anwendung verschiedener Maßstäbe für „unsere Leute"
und die „anderen" (vielleicht um das Gewissen zu beru-
higen).

Bis zum heutigen Tag bedeutete der Sozialismus überall
unausweichlich ein Einparteiensystem, die Herrschaft einer
habgierigen und unfähigen Bürokratie, die Enteignung des
Privateigentums, den Terror der Tscheka und aller seiner
Synonyme, die Vernichtung von Produktivkräften und ihre
Wiederherstellung und Entwicklung um den Preis maßloser
Opfer des Volkes und die Vergewaltigung der Gewissens-
und Meinungsfreiheit. So war es in der UdSSR, in den
volksdemokratischen Ländern, in der chinesischen Volks-

republik und in Kuba. Das Beispiel Jugoslawiens, des von der sowjetischen Vormundschaft am meisten unabhängigen, freiesten, offensten sozialistischen Landes ist besonders charakteristisch.

Ist das alles unvermeidlich? Ich weiß es nicht. Ich glaube, daß im Prinzip der „humane Sozialismus" möglich ist und eine hohe Form gesellschaftlicher Organisation darstellt. Aber er ist nur möglich als das Ergebnis außerordentlicher kollektiver Anstrengungen, wozu es noch der Weisheit und der Selbstlosigkeit eines großen Teils der Bevölkerung bedarf – etwas für jedes Land gleich schwer zu Erreichendes. Es erfordert ferner besonders günstige Umstände der inneren und äußeren Verhältnisse. Unbedingt vermieden werden müssen aber Dinge wie die Nationalisierung aller Produktionsmittel, das Einparteiensystem und die Vergewaltigung der Ideen, denn das sind nur einige der Extreme, die unausweichlich zum Totalitarismus führen. Unter der Voraussetzung der Durchführung sozialer Reformen sind kapitalistische, aber demokratische Staaten einer wirklich menschlichen Gesellschaft näher als irgendwelche totalitären Länder.

Die Welt konnte im Jahre 1968 den vom ganzen Volk unterstützten Versuch der tschechoslowakischen Kommunisten erleben, den totalitären Sozialismus von allen Auswüchsen zu reinigen; dabei standen insbesondere die Intellektuellen und die Arbeiterklasse in vorderster Reihe. (Damals entstand der Begriff „Sozialismus mit menschlichem Antlitz".) Sie wollten gleichzeitig das Land von der erniedrigenden und gefährlichen Vormundschaft der UdSSR befreien. Ihr Versuch hatte gewisse Erfolge und rief in der ganzen Welt Bewunderung hervor. Aber gerade diese Erfolge ließen die UdSSR, die DDR und Polen das gefährliche Beispiel fürchten, sie waren der Grund für die schamlose Intervention. Der Totalitarismus verteidigte sich mit Panzern.

Die Gefahren des Totalitarismus, die mit dem sozialistischen, sogenannten „progressiven" Weg der Entwicklung – vor allem in der jetzigen konkreten Situation der geteilten Welt – verbunden sind, zeigten sich mehrfach anschaulich in der neuesten Geschichte.

Die Aufmerksamkeit der ganzen Welt ist auf Portugal gerichtet, wo der Mechanismus des Abrutschens zum Totalitarismus von neuem in Aktion tritt. Trotz aller Unterstützung durch Moskau erlitt die portugiesische KP bei den Wahlen eine Niederlage. Daraufhin begann die KP ihre Konkurrenten mit ebenso frechen Methoden der Demagogie, der Provokation, der Polizeiwillkür und der Erpressung beiseite zu schieben, wie sie mit Erfolg von ihren Vorgängern 1917, 1933 und 1948 in Anwendung gebracht wurden.

Anzeichen für ein Streben zu einem Totalitarismus „militärisch-sozialistischen Typs" gibt es in einigen nichtkommunistischen Kreisen der „Bewegung der Streitkräfte". Besonders unheilverkündend ist das Anwachsen des Einflusses der Militärpolizei „Copcon" im Leben der Gesellschaft. Sie wird ein immer unkontrollierterer „Staat im Staat", die Opritschina* des zwanzigsten Jahrhunderts, ähnlich der NKWD der Stalinschen Ära. In der „Copcon" spielen die Kommunisten offenbar eine besonders große Rolle. Man

* „Opritschina" heißt zu deutsch „das Privatgut." Davon in übertragenem Sinn die Leibgarde des Zaren Ivan IV., des Schrecklichen: Die „Opritschina" wurde zur grausamen und blutigen Unterdrückung der Gegner des Zaren, vor allem der Bojaren (Adeligen) eingesetzt (A. d. Ü.).

möchte hoffen, daß das portugiesische Volk aus der historischen Erfahrung anderer Länder irgendwie die Lehre gezogen hat und dem drohenden Schicksal entgehen wird. Die Weltöffentlichkeit sollte alles in ihrer Macht Stehende tun, um diesem Volk zu helfen.

Nicht weniger ernst ist die Manifestation „linker Positionen" in den internationalen Beziehungen. Die in Kreisen linksliberaler Intellektueller weitverbreiteten Illusionen über den Charakter der Gesellschaft in der UdSSR und anderen sozialistischen Ländern, ebenso über die wahren innenpolitischen und geopolitischen Ziele der herrschenden Kreise dieser Länder, erschweren die Einschätzung der wirklichen Bedeutung der Entspannung. Diese Illusionen sind sogar manchmal der Grund, daß Regierungen westlicher Länder im Rahmen der Entspannung falsche und gefährliche Schritte unternehmen, einseitige Zugeständnisse und „Geschenke" machen.

In westlichen Ländern übt die Ansicht der Mehrheit einen unmittelbaren Einfluß auf die tatsächlichen Handlungen der politischen Führung aus, die (so sehe ich es zumindest von hier aus) gewöhnlich die Meinung ihrer Wähler, der Presse und der Öffentlichkeit überhaupt respektieren. Die linke Intelligenz drängt im besonderen die Regierungen ihrer Länder zu einer einseitigen Abrüstung. Eine solche Abrüstung kann aber zur Störung des internationalen Gleichgewichtes, zur Schwächung der Positionen des Westens gegenüber der totalitären Gefahr führen und eine Verstärkung der Expansion der sozialistischen Länder provozieren, insbesondere an strategisch wichtigen Knotenpunkten der Dritten Welt (z. B. im Indischen Ozean).

Die inneren sozialen und ökonomischen Probleme der

westlichen Länder müssen durch eine Mobilisierung der Hilfsquellen, durch vorübergehende wirtschaftliche Einschränkungen, gelöst werden, nicht aber dadurch, daß man sich der Gefahr gegenüber schwach erweist. Eine ausgewogene Abrüstung ist sehr wichtig, aber dieses Resultat darf nicht aus einer „Position der Schwäche" erreicht werden.

Außerordentlich wichtig ist der wirtschaftliche und politische Zusammenschluß der westlichen Länder, ähnlich der Europäischen Gemeinschaft (natürlich ohne Frontstellung gegenüber der Führungsmacht der westlichen Welt, den USA, sondern in engster Zusammenarbeit mit ihr.) Der positive Ausgang der Volksabstimmung in England über den Beitritt zur EWG und der bevorstehende Eintritt Griechenlands in den Gemeinsamen Markt bedeutet eine große Erleichterung. In diesen Fällen muß der unmittelbare ökonomische Aspekt des Problems in den Hintergrund treten. Das Wichtigste ist, der Expansion der totalitären Länder entgegenzutreten. Bis jetzt haben die linken „progressiven" Kräfte in all diesen Fragen keine genügend klare Stellung eingenommen.

Die Irrtümer der „Linken", die mit zur Tragödie in Vietnam geführt haben, wurden mit einigen Abänderungen in anderen Fällen wiederholt. Die linksliberale Intelligenz ist oft bereit, eine beliebige extremistische und sogar terroristische Gruppierung ihres Landes und der ganzen Welt zu verteidigen, wenn diese ein „linkes" Aushängeschild verwenden. Gleichzeitig sind diese Intellektuellen bereit, jene aufs schärfste als Konservative und Reaktionäre zu verurteilen, die sich mit diesen Gruppierungen nicht solidarisieren. Die Gefahr einer solchen Einstellung für die Menschheit ist ungeheuer.

Das letzte, was ich hier sagen möchte, betrifft den Schutz der Menschenrechte in der ganzen Welt, insbesondere in den sozialistischen Ländern, wo diese Rechte allzuoft nicht geachtet werden. Die „Linken" pflegen das Dogma von den Vorzügen der sozialistischen Gesellschaft allzu leichtgläubig zu akzeptieren und sind für alles taub, was dagegen spricht. Manche wollen nicht einmal den Berichten und Zeugenaussagen über die schrecklichen Ereignisse der Vergangenheit Glauben schenken, wie sie in den Büchern von Conquest, von Solschenizyn, von Medwedjew und in Dutzenden anderen historischen Werken zu finden sind, Nachrichten über die politischen, nationalen und religiösen Verfolgungen und über die sozialen und ökonomischen Schwierigkeiten halten sie für übertrieben und künstlich zusammengetragen.

Aber sogar in den schrecklichsten Jahren des Stalinschen Terrors, als der Nebel der Irreführung und der prosowjetischen Propaganda besonders undurchdringlich war, fanden sich im Westen ehrliche und mutige Menschen, die die Wahrheit begriffen und sie auch aussprachen. Nun ist die Lage vielfach verändert; der Nebel beginnt sich zu lichten. Der XX. Parteitag, die Ereignisse in Ungarn und in der Tschechoslowakei, die Kulturrevolution und der große Sprung nach vorne der Kommunistischen Partei Chinas, die Kriege in Korea und Vietnam, die Ereignisse im Nahen Osten, in Portugal, Chile und Kuba – alles das ist nicht spurlos vorübergegangen.

Unter den Faktoren, die wichtige psychologische Veränderungen herbeigeführt haben, spielen die öffentlichen Stellungnahmen einzelner in den sozialistischen Ländern eine besondere Rolle. Ich muß hier daran erinnern, daß für eine jede solche Aktion ein sehr teurer Preis bezahlt wird. Einmal folgen darauf Repressalien gegen die Person, die diese Aktion gesetzt hat, anderseits entstehen langfristige Folgen für die von ihm vertretene Sache, für seine Freunde, Kinder und nahen Verwandten. Ich habe schon viele Beispiele solcher Repressalien in der UdSSR angeführt. Kürzlich hat sich die Aufmerksamkeit der Weltöffentlichkeit dem Schicksal des Schriftstellers Mihajlo Mihajlov zugewandt, der in Jugoslawien wegen seiner mutigen öffentlichen Stellungnahmen – unter anderem auch wegen seines Eintretens für mich – verurteilt wurde.*

Der westlichen Intelligenz möchte ich folgendes erklären: Mir scheint, daß die Verhaftung meiner besten Freunde Sergej Kowaljow und Andrej Twerdochljebow in gewissem Zusammenhang mit ihren engen Beziehungen zu mir steht. Dies trifft auch auf die Verfolgung von Walentin Turtschins, Jurij Orlows und von Lydia Tschukowskaja – die 1973 zu meiner Verteidigung auftrat und 1974 aus dem Verband sowjetischer Schriftsteller ausgeschlossen wurde – zu. Der Druck auf die Mitglieder meiner Familie, die man zu Geiseln gemacht hat, ist eine weitere Form dieser Taktik.

Heute, im Zeitalter der naturwissenschaftlich-technischen Revolution, sind, neben der Arbeiterklasse, die Intellektuel-

---

* Während ich diese Arbeit veröffentliche, denke ich nicht nur an die bevorstehenden sehr wünschenswerten ernsten Diskussionen über ihren Inhalt, sondern auch an diverse Überraschungen, die von ganz anderer Seite kommen können, zum Beispiel an Stellungnahmen in der Presse meiner lieben Akademikerkollegen, oder an Drohungen von Pseudochristen oder noch Schlimmeres. Die Menschen im Westen fragen oft, wie sie mir helfen könnten, und scheinen manchmal verwundert, wenn ich sage: „Helft meinen Freunden." Auch dies zeugt von einer Illusion, nämlich von der Fehleinschätzung der Besonderheiten unserer Gesellschaft.

len der aktivste und einflußreichste Teil der modernen Gesellschaft. Von der Klarheit und Stichhaltigkeit ihrer Vorstellungen, davon, ob sie von gefährlichen Illusionen frei, ob sie gut organisiert und unparteiisch sind: von all dem hängt sehr viel ab. Ich hoffe, daß mein Buch gelesen und beherzigt wird. Mein besonderes Anliegen ist, daß Vertreter der westlichen Intelligenz energisch für die Verteidigung der Menschenrechte in unserem Land und in anderen sozialistischen Ländern eintreten; für das Recht auf Freizügigkeit und Auswanderungsfreiheit; das Recht der nationalen Minderheiten – der Krim-Tataren, der Deutschen, Litauer, Esten und Letten, der Ukrainer und vieler anderer; das Recht der verfolgten religiösen Gruppen; das Recht der Verteidigung für Verfolgte um ihrer Gesinnung willen: Leute wie Mihajlov in Jugoslawien, Leonid Pljuschtsch, Wladimir Bukowskij, Walentin Moros, Kronid Ljubarskij, die Brüder Dschemiljew, Anatolij Tschinow und Hunderter anderer.

Vor einem Jahr rettete die Unterstützung durch die Weltöffentlichkeit das Tänzerehepaar Panow, welches nach Israel auswandern wollte. Damals demonstrierten berühmte Künstler vor der sowjetischen Botschaft in London, Bühnenarbeiter und Künstler boykottierten das Gastspiel des Bolschoj-Theaters und gefährdeten damit Brieftaschen und Prestige – die zwei Achillesfersen – des Sowjetsystems. Die entscheidende Rolle spielte zweifellos die öffentliche Erklärung des britischen Premiers, Harold Wilson, der damit den Protest in jene hohe Sphäre trug, in die gewöhnlich der Lärm der Straße nicht dringt.

Aber dasselbe ist auch in anderen Fällen möglich! Die Geschichte der Panows bestätigt, daß nur der stärkste Druck

– dort, wo die sowjetischen Machthaber am verwundbarsten sind – Aussicht auf Erfolg hat; nur solcher Druck veranlaßt jene Beamten, die keine Vollmacht haben, aus eigenem Anweisungen der hohen Bürokratie zu umgehen, sich um neue Weisungen an die obersten Chefs zu wenden, die manchmal doch imstande sind, in einer unerwarteten Weise zu reagieren.

Schlußfolgerung

In den „Gedanken über den Fortschritt", in der „Denkschrift" und in anderen meiner Publikationen habe ich eine Reihe von Vorschlägen über notwendige innere Reformen in unserem Land und über wünschenswerte Veränderungen in den internationalen Beziehungen gemacht sowie zur internationalen Verteidigung der Menschenrechte aufgerufen.

Die meisten dieser Gedanken waren absolut nicht originell. Ich habe bereits darauf hingewiesen, daß sie sich von öffentlich ausgesprochenen Ideen anderer aus den Nachkriegsjahren herleiten. Später wurden diese Gedanken in vielen im Ausland veröffentlichten Artikeln und Reden und im Samisdat wiederholt. Die sowjetischen Führer haben auf meine Vorschläge im Laufe all dieser Jahre niemals geantwortet, was auch schwer zu erwarten war. Dennoch halte ich nach wie vor solche Versuche für wertvoll, und zwar nicht nur als die kompakteste Darlegung der eigenen Anschauungen und Bestrebungen, sondern auch als notwendige Alternative zur offiziellen Haltung.

Welche inneren Reformen in der UdSSR erscheinen mir

also notwendig, um unser Land aus dem ewigen Zustand einer allgemeinen Krise herauszuführen und damit die mit ihr verbundenen Gefahren für die ganze Menschheit zu beseitigen (das bezieht sich auch im großen und ganzen auf die anderen sozialistischen Länder)?

1. Erweiterung der Wirtschaftsreform des Jahres 1965 (bekanntlich wurde sie in einem Frühstadium ihrer Verwirklichung revidiert) – völlige Selbständigkeit der Betriebe in Fragen der Wirtschaft, der Produktion und in Personal- und Sozialfragen.

2. Teilweise Entstaatlichung aller Arten wirtschaftlicher und sozialer Tätigkeit, mit Ausnahme vielleicht der Schwerindustrie, des Schwertransportes und des Verkehrs. Vor allem ist eine teilweise Entstaatlichung auf dem Gebiet der Dienstleistungen (Reparaturen, Hotelwesen, Restaurants, Kantinen- und dergleichen mehr), im Detailhandel, auf dem Gebiete des Bildungswesens und der medizinischen Betreuung notwendig. In der Landwirtschaft ist eine teilweise Entkollektivisierung und eine staatliche Unterstützung des privaten Sektors als dem produktivsten erforderlich, eines Sektors, der auch am meisten zur Wiedergesundung des Dorfes in sozialer und psychologischer Hinsicht beitragen könnte, das heute von der Gefahr eines völligen Untergangs in Trunksucht und Stumpfheit bedroht ist. Seit dem Beginn der Seßhaftigkeit war die landwirtschaftliche Arbeit – für Millionen Menschen – nicht nur die Grundlage ihrer Existenz, sondern auch etwas, was ihrem Leben inneren Sinn verlieh. Dieses „etwas" wurde in der Zeit der Kollektivierung barbarisch vernichtet; unter jenen, die das „etwas"

besaßen, wurden gerade die Fähigsten physisch vernichtet. Man muß hoffen, daß dieser Geist nach Schaffung entsprechender Bedingungen wieder auflebt.

3. Völlige Amnestie für alle politischen Gefangenen, einschließlich der Gefangenen in psychiatrischen Spezialkliniken, sowie aller wegen ihrer religiösen Überzeugung, ihrer nationalen Bestrebungen oder des Versuches, das Land zu verlassen, Verurteilte. Erleichterungen für die Häftlinge aller Kategorien, Abschaffung der Zwangsarbeit, Abschaffung der Nahrungsbeschränkung, der Besuchszeitbeschränkung, der Beschränkungen bei der Übergabe von Liebesgaben an die Häftlinge, Verbesserung der ärztlichen Hilfe, Erlaubnis zum Empfang von Medikamenten und anderes mehr. Zulassung von Vertretern internationaler Organisationen zur Inspektion aller Haftanstalten und Lager. Abschaffung der Todesstrafe. Amnestie für alle, die mehr als 15 Jahre in Haft sind.

4. Ein Gesetz, das das Streikrecht, die Freiheit, die Arbeit niederzulegen, wirksam garantiert.

5. Eine Reihe legislativer Maßnahmen, die wirkliche Freiheit der Weltanschauung, des Gewissens, der Information gewährleisten. Abschaffung jener Artikel des Strafgesetzbuches, welche diesen Grundsätzen widersprechen.

6. Gesetzliche Sicherstellung der Öffentlichkeit und der öffentlichen Kontrolle der wichtigsten Regierungsbeschlüsse (sowohl auf der internationalen als auch auf der nationalen Ebene, bei Beschlüssen, die soziale, ökonomische oder ökologische Bedeutung haben).

7. Ein Gesetz, das die Freiheit der Wahl des Aufenthaltsortes und des Arbeitsplatzes innerhalb der Grenzen des Landes sichert.

8. Gesetzliche Garantie der Freiheit der Ausreise aus dem Land (Emigration, Reisen zu verschiedenen Zwecken, freie Rückkehr).

9. Beseitigung aller Formen von Partei- und Behördenprivilegien, die nicht in Erfüllung von Dienstpflichten unmittelbar erforderlich sind. Gleichberechtigung aller Bürger als grundlegendes Staatsprinzip.

10. Gesetzliche Bestätigung des Rechtes der Unionsrepubliken auf Loslösung und des Rechtes, die Frage der Loslösung zu diskutieren (Sezessionsrecht).

11. Ein Mehrparteiensystem.

12. Eine Währungsreform im Hinblick auf freie Konvertierbarkeit: Freier Austausch des Rubels gegen ausländische Valuta. Beschränkung des Außenhandelsmonopols.

Diese Reformen halte ich für eine notwendige Voraussetzung zur allmählichen Verbesserung der sozialen Bedingungen in unserem Land, der Verbesserung der materiellen Lage der Mehrheit der Werktätigen, der Schaffung einer moralischen Freiheitsatmosphäre, des Glücks und guten Willens, der Wiederherstellung der in Verlust geratenen allgemeinmenschlichen Werte und der Beseitigung jener Gefahr, die unser Land für die ganze Welt darstellt, so lange es ein

hermetisch abgekapselter, mit den mächtigsten Waffen aus-
gerüsteter totalitärer Polizeistaat ist und über ungeheure
Mittel und Ressourcen verfügt.

Ich betone, daß ich überzeugter Evolutionist und Reformist und ein prinzipieller Gegner gewaltsamer, revolutionä-
rer Veränderungen der sozialen Ordnung bin, die immer zur
Zerstörung des Wirtschafts- und Rechtssystems, zu Leiden
für die Massen, zu Gesetzlosigkeit und Schrecken führen.

Nun einige abschließende Bemerkungen über internationale Probleme, in Ergänzung zu den Gedanken, die im
Haupttext enthalten sind: Viele alarmierende und tragische
Fakten der gegenwärtigen internationalen Lage zeigen die
essentielle Schwäche und Uneinigkeit des Westens gegenüber der totalitären Herausforderung. Die Ereignisse in
Indochina sind dafür das dramatischste Beispiel. Die Politik
der sozialistischen Staaten hat heutzutage einen subtilen
Charakter angenommen, jedoch die meisten ihrer früheren
inneren und äußeren Ziele beibehalten. Gleichzeitig entstehen neue Ziele und Formen der Beziehungen zur Außenwelt. Welche notwendigen Änderungen in der Strategie und
Taktik des Westens – und in der Politik der Länder der
Dritten Welt – erscheinen mir unter diesen neuen Bedingungen am wichtigsten?

1. Die Einheit der Länder des Westens, eine einheitliche
Strategie für den immer mehr anwachsenden Komplex von
Problemen der Beziehungen zu den sozialistischen Ländern
und zu den Ländern der Dritten Welt. Das schließt die
Probleme der gemeinsamen Verteidigung, Handelsabkommen und den Schutz der Menschenrechte ein, ferner Abrü-
stungsgespräche, Kreditvergabe, wirtschaftliche Hilfe (ins-

besondere durch Lebensmittel), Hilfe bei der technischen Entwicklung. Hierher gehören auch die Probleme des Umweltschutzes, die Festsetzung der Nachkriegsgrenzen, die Beseitigung militärischer Konflikte an den Unruheherden und die Verteidigung der Freiheit des Austausches von Menschen und Informationen.

Einheit bedarf der Führung; diese steht auf Grund ihrer großen Verantwortung den USA zu – sie sind ökonomisch, technisch und militärisch das mächtigste Land der Welt.

Die einheitliche Strategie darf nicht von individuellen und zeitbedingten Interessen ausgehen, sie muß weitsichtig, energisch und altruistisch sein. Die enge gegenseitige Abhängigkeit der westlichen Staaten in militärischen, ökonomischen und politischen Belangen sollte die so häufig deprimierenden Beispiele des Verrates an der gemeinsamen Sache zugunsten von Privatinteressen unmöglich machen. Eines dieser Beispiele ist die mangelnde Unterstützung durch die westlichen Länder für die Absicht des US-Kongresses, durch den Zusatz zum Handelsgesetz, das Recht zur Auswanderung aus der Sowjetunion abzusichern. Dabei wäre eine diesbezügliche wirksame Aktion von allgemein humanitärer Bedeutung gewesen und grundsätzlich wichtig für den ganzen Prozeß der Entspannung. Die Verbündeten der USA, die deren Unterstützung genießen, trugen, einander konkurrierend, bei, diese Initiative scheitern zu lassen.

Ich rufe die Intellektuellen des Westens, die internationalen Organisationen mit humanitärem Charakter auf, mit aller Kraft die Einheit des Westens zu fördern.

2. Ich fordere wieder (siehe meine „Denkschrift") die Schaffung eines internationalen Konsultativkomitees von

Experten, unter der Ägide der UNO, für juristische, soziale und ökologische Probleme und für das Problem der Abrüstung. Alle Regierungen sollten verpflichtet sein, die Anfragen dieses Komitees zu beantworten und Empfehlungen stattzugeben. Ich hoffe, daß die USA oder ein anderes Land diese Initiative auf der Generalversammlung der UNO unterstützen wird.

3. Nach wie vor verlange ich einen intensiveren Einsatz der Streitkräfte der UNO, um militärische Konflikte zu unterbinden. (Einschließlich solcher „inneren Charakters" wie die Ereignisse in Nigeria oder im irakischen Kurdistan.)

4. Ich betone folgende Grundsätze bei der Erörterung der Abrüstungsprobleme:

a) Die auf dem Verhandlungsweg erreichte Herabsetzung der Rüstungen bis zu einem auf beiden Seiten gleichen Kapazitätsniveau, in jedem Stadium der Abrüstung, bei schrittweiser und stärkerer Senkung dieses Niveaus. Dieses Prinzip soll sich sowohl auf die Unterhandlungen über die Beschränkung der strategischen Waffen erstrecken – insbesondere auf Raketen mit thermonuklearen Sprengköpfen – wie auch auf die regionalen Unterhandlungen besonders zwischen der NATO und den Warschauer-Pakt-Ländern.

b) Errichtung eines perfekten Kontrollsystems, das den Einsatz von Inspektionsgruppen mit Einschluß von Vertretern der Gegenseite und internationaler Organisationen vorsieht, mit voller Bewegungsfreiheit auf dem Gesamtterritorium des kontrollierten Landes.

c) Internationale Beschränkung der Waffenlieferungen

in andere Länder. Diesem Vorschlag messe ich besondere Bedeutung bei. Ich halte eine Vereinbarung über die Einschränkung von Waffenlieferungen nach Brandherden, wie z. B. dem Nahen Osten, für besonders wichtig. Die historische Erfahrung zeigt, daß vorhandene Kanonen früher oder später immer losgehen. Ich rufe die Politiker des Westens auf, alle Mittel der Diplomatie – des Druckes und der Verhandlungen – zur Erreichung dieses Zieles einzusetzen. (Was hat die Entspannung für einen Sinn, wenn immer wieder Blut fließt?)

d) Beseitigung der technischen Faktoren, die das Wettrüsten fördern: Einstellung neuer Projekte auf Grund einer vereinbarten Liste. Abbau der Geheimhaltungsvorschriften mit Aussicht auf eine Übereinkunft über ein vollkommenes Verbot geheimer Arbeiten. Man kann die Wichtigkeit eines solchen Übereinkommens für die Menschheit nicht hoch genug einschätzen.

e) Beseitigung aller Faktoren, die zu einer „strategischen Labilität" beitragen: Verbot der Mehrfachsprengköpfe und Beschränkung der Raketenabwehrsysteme.

5. Eine der wichtigsten Aufgaben der Politik der westlichen Länder müßte das Streben nach mehr Aufgeschlossenheit der sozialistischen Länder – nach einem freien Austausch von Menschen und Informationen – sein. Die westlichen Länder Europas haben dieses Ziel bei den Verhandlungen der europäischen Sicherheitskonferenz in Helsinki im Auge gehabt, aber auch das Abkommen von Helsinki hat keine zwingenden Bestimmungen enthalten. Der Westen hat nicht genügend Druck auf die sozialistischen Länder ausge-

übt, ihnen die Möglichkeit zu „handeln" gelassen, wodurch sie imstande waren, inhaltslose, für sie günstige Formulierungen durchzusetzen. Ich meine indessen, daß die Ziele, die die sozialistischen Länder anstreben (insbesondere auf dem Gebiete der Garantie der Nachkriegsgrenzen), nicht ganz den Interessen eines zukünftigen Europas und der Welt entsprechen, jedenfalls nicht bis zur Wiedervereinigung Deutschlands. Gerade die Öffnung der Grenzen der sozialistischen Länder, zusammen mit einer ausgewogenen Abrüstung, könnte die Sicherheit Europas und der ganzen Welt gewährleisten. Insbesondere ist der freie Verkehr von Touristen, von Menschen, die ins Ausland reisen, um dort zu arbeiten, zu studieren, sich zu kurieren, wissenschaftlich zu arbeiten, wichtig, und zwar auf einer freien Basis für das ganze Volk und nicht entsprechend den sklavischen Traditionen der sowjetischen Paßämter, der Personalabteilungen, des KGB und dergleichen. Notwendig wäre ein freier Austausch von Büchern, Zeitschriften, Zeitungen und Filmen. Notwendig ist die Rücknahme des beschämenden Kapitulationsbeschlusses der Generalversammlung der UNO über das Verbot des freien Fernsehens via die Satelliten (Millionen Menschen sehen fern und haben das Recht, zu sehen, was sie wollen). Notwendig ist auch eine Erweiterung und Verbesserung der ausländischen Radiosendungen in die UdSSR und ein totales Verbot aller Störungen. Dabei brauchen wir in erster Linie eine genaue, knappe Berichterstattung über Tatsachen und politisch bedeutsame Ereignisse.

6. Die Verteidigung der Menschenrechte in der ganzen Welt mit gleichen Maßstäben für alle Länder sollte nicht nur

ein Anliegen einzelner, sondern der Regierungen und internationaler Organisationen sein. Die allgemeine Deklaration der Menschenrechte vom Jahre 1948 proklamiert den internationalen Charakter der Verteidigung dieser Rechte. Doch ist bis jetzt für die Verwirklichung dieses Grundsatzes sehr wenig geschehen. Das Schlüsselproblem ist die Freizügigkeit und Auswanderungsfreiheit. Ohne die Verwirklichung dieser Rechte bleibt die Hälfte der Welt ein großes Konzentrationslager, das die andere Hälfte bedroht. Darin liegt eben die grundsätzliche Bedeutung dieses Problems.

7. Besondere Bedeutung hat das Problem der Beziehungen zur Dritten Welt, in welcher die Hälfte der Menschheit wohnt. Eine allseitige Hilfe bei ihrer technischen Entwicklung, bei der Heranbildung von Führungspersonal, Lebensmittelhilfe und andere materielle Hilfe wird jetzt auf breiter Grundlage, aber immer noch ungenügend geleistet. Sie müßte umfassender werden, insbesondere von den Ländern Europas, den fortgeschrittenen sozialistischen Ländern, von Japan und auch von den USA, die gegenwärtig die schwerste Bürde dieser Art tragen. Andererseits müßten diese Länder der Dritten Welt selbst ihre nationale Psychologie umstellen, in Richtung einer größeren Verantwortung für ihr eigenes und für das Schicksal der ganzen Menschheit. Es ist an der Zeit, nicht mehr alle Übelstände auf das Konto des Kolonialismus und Neokolonialismus abzuwälzen. Jetzt haben die Völker dieser Länder ihr Schicksal in eigenen Händen (viele schon seit Jahrzehnten). Nur schöpferische Anstrengungen, vor allem auf dem Gebiet der materiellen Produktion, können ihre Zukunft sichern. Eine besondere Verantwortung trifft die erdölproduzierenden Länder. Seit dem

Oktober 1973 hat eine spekulative Erhöhung des Erdölpreises stattgefunden, die die Weltwirtschaft desorganisierte. Besonders die Entwicklungsländer litten darunter, wo Millionen Menschen vor dem Hunger standen. Man muß Preise festsetzen, die die Welt, in der wir alle zusammen leben, nicht zerstören. Das ist im Interesse aller, auch im Interesse der erdölproduzierenden Länder.

Und noch eine, vielleicht taktlose Bemerkung: Die Länder der Dritten Welt stimmen in der UNO meist mit den totalitären Staaten und haben dadurch diese Organisation fast lahmgelegt. Aber die Vereinten Nationen sind eine jener wenigen Kräfte, auf welche sich unsere Hoffnungen auf eine bessere Zukunft gründen. Diese Hoffnung wegen eines politischen Spiels, wegen zeitbedingter egoistischer, nationaler Interessen und Vorurteile, zunichte zu machen, ist zumindest unvernünftig.

Ich habe dieses Buch geschrieben, wie man ein modernes Haus oder richtiger wie eine Krähe ihr Nest baut, zuerst das Gerüst und dann die gehorteten kleinen Zweige. Alle für den Erbauer sichtlichen Lücken sind zugestopft, aber es blieben noch ein paar kleine Zweige unbenützt.

Die Realität unserer gegenwärtigen Welt ist sehr kompliziert und vielschichtig, in ihr verschmelzen in wunderlicher Weise Tragödien, Ausweglosigkeit, Apathie, Vorurteile und Unwissen mit Dynamik, Selbstlosigkeit, Hoffnung und Klugheit. Die Zukunft könnte noch tragischer sein; aber sie kann auch menschenwürdiger, besser und vernünftiger sein. Und es kann sie auch überhaupt nicht geben. Alles das hängt von uns allen ab, von uns Menschen in der UdSSR, China, Indien, den USA, Ägypten, Israel, Thailand, Italien, England, Frankreich, Japan, Australien, Holland, Deutschland,

Syrien, Vietnam, Iran ... in allen Ländern der Welt. Es hängt von unserer Weisheit, unserer Illusionslosigkeit und unserer Freiheit von Vorurteilen ab, aber auch von unserer Bereitschaft zur Arbeit, und davon, eine kluge Selbstbeschränkung zu praktizieren. Schließlich aber hängt die Zukunft ab von unserer tätigen Liebe und unserem menschlichen Format. Ein Ausdruck solcher Weisheit wäre eine echte Annäherung der ersten, zweiten und der dritten Welt zueinander, die Überwindung der Entzweiung im Namen des Menschen und seiner Rechte. Eine Zukunft der Vernunft, eine Zukunft allgemeinen Wohls muß Wirklichkeit werden.

Moskau, im Juni 1975   *Andrej Sacharow*